Bioética
e pesquisa
em seres humanos

Luiz Antonio Bento

Bioética
e pesquisa
em seres humanos

Paulinas

Dados Internacionais de Catalogação na Publicação (CIP)
(Câmara Brasileira do Livro, SP, Brasil)

Bento, Luiz Antonio
   Bioética e pesquisa em seres humanos / Luiz Antonio Bento. – São Paulo : Paulinas, 2011. – (Coleção ética)

   Bibliografia
   ISBN 978-85-356-2795-4

   1. Bioética 2. Bioética – Pesquisa 3. Ciência – Aspectos morais e éticos 4. Pesquisa – Aspectos morais e éticos 5. Seres humanos I. Título. II. Série.

11-03016   CDD-174.2

Índice para catálogo sistemático:
1. Seres humanos : Bioética : Pesquisa   174.2

1ª edição – 2011
1ª reimpressão – 2011

Direção-geral: *Flávia Reginatto*
Editores responsáveis: *Vera Ivanise Bombonatto*
Afonso Maria Ligorio Soares
Copidesque: *Anoar Jarbas Provenzi*
Coordenação de revisão: *Marina Mendonça*
Revisão: *Sandra Sinzato*
Assistente de arte: *Sandra Braga*
Gerente de produção: *Felício Calegaro Neto*
Projeto gráfico: *Wilson Teodoro Garcia*

Nenhuma parte desta obra poderá ser reproduzida ou transmitida por qualquer forma e/ou quaisquer meios (eletrônico ou mecânico, incluindo fotocópia e gravação) ou arquivada em qualquer sistema ou banco de dados sem permissão escrita da Editora. Direitos reservados.

Paulinas
Rua Dona Inácia Uchoa, 62
04110-020 – São Paulo – SP (Brasil)
Tel.: (11) 2125-3500
http://www.paulinas.org.br
editora@paulinas.com.br
Telemarketing e SAC: 0800-7010081
© Pia Sociedade Filhas de São Paulo – São Paulo, 2011

*Aos cientistas,
estudiosos e profissionais da saúde
que fazem da pesquisa biomédica
um serviço à vida.*

Agradecimentos

Ao Deus da vida, pela certeza de que me encontro totalmente em suas mãos.

À minha família, pelo incentivo, carinho e amizade que me sustentam no dia a dia, no profundo amor que sinto pela vida.

Ao Prof. Dr. Pe. Aníbal Gil Lopes, pela paciência na orientação e incentivo que tornaram possível a conclusão do meu pós-doutorado.

À Conferência Nacional dos Bispos do Brasil (CNBB), pelo seu profetismo em favor da vida humana, desde a concepção até seu declínio natural.

Sumário

APRESENTAÇÃO 11
INTRODUÇÃO 13

I
PESQUISA BIOMÉDICA EM SERES HUMANOS

1.1. Considerações iniciais sobre pesquisa biomédica
em seres humanos 15
1.2. Necessidade da regulamentação ética da pesquisa biomédica
em seres humanos 17
1.3. Finalidades da pesquisa biomédica em seres humanos 21
1.4. Alguns tipos de pesquisa biomédica em seres humanos 24
1.5. Pesquisa em sujeitos expostos a condições
particulares de vulnerabilidade 27

II
CRITÉRIOS ÉTICOS PARA A PESQUISA BIOMÉDICA
EM SERES HUMANOS NA SOCIEDADE PLURALISTA

2.1. Progresso científico e tecnológico a serviço da vida 33
2.2. Limites éticos à pesquisa biomédica 34
2.3. Um caminho urgente: a humanização da medicina 36
2.4. Princípio da precaução 40
2.5. Responsabilidade ética pela vida humana 44

III
DIRETRIZES ÉTICAS QUE REGULAMENTAM
A PESQUISA BIOMÉDICA EM SERES HUMANOS

3.1. Código de Nuremberg — 1947 49
3.2. Código Internacional de Ética Médica — 1949 50
3.3. Relatório de Belmont — 1978 51
3.4. Declaração de Helsinki VII — 2008 57

3.5. Diretrizes Éticas Internacionais para a Pesquisa Biomédica
em Seres Humanos — Cioms/OMS — 2002...................................58

3.6. Declaração Ibero-Latino-Americana sobre Direito,
Bioética e Genoma Humano — 2001...61

3.7. Declaração Universal sobre Bioética
e Direitos Humanos — 2005 63

3.8. Normas éticas em pesquisa com seres humanos no Brasil..........64

  3.8.1. Código de Ética Médica — 2009 65

  3.8.2. Resolução n. 01 de 1988, do CNS...67

  3.8.3. Resolução n. 196/96 do CNS...68

  3.8.4. Resoluções complementares..70

IV
Exigências éticas cristãs no âmbito da pesquisa biomédica

4.1. Noção de pessoa humana..73

4.2. A pessoa humana criada à imagem de Deus................................80

4.3. A pessoa humana existe em relação a Deus 83

4.4. A pessoa humana é uma totalidade unificada..............................86

4.5. No centro a dignidade da pessoa humana....................................91

Conclusão 95

Referências bibliográficas 99

  Magistério eclesial..99

  Livros e artigos..100

Apresentação

O tema "bioética e pesquisa em seres humanos" tem suscitado grande debate, preocupação e interesse, não só no meio científico, mas também nas esferas de governos e de organizações internacionais e nacionais que procuram tanto regulamentar essa atividade científica como colocá-la a serviço do bem da humanidade.

As diferentes áreas da biomedicina, em particular a biotecnologia, são dos ramos mais promissores da ciência contemporânea. As pesquisas desenvolvidas nessas áreas permitem vislumbrar inúmeras possibilidades de aplicação nas mais diferentes esferas do saber. Diante dos inúmeros resultados concretos já existentes, não pode ser vista como uma utopia ou ficção científica, mas uma realidade presente no mundo atual. O uso adequado da biotecnologia pode ser de grande benefício para a humanidade, razão pela qual não é adequado considerá-la um problema contra o qual se deve lutar. Por outro lado, como qualquer saber, sua utilização fora dos princípios éticos fundamentais traz consigo o gérmen da destruição. Por essa razão, é fundamental que o pesquisador que atua na fronteira da pesquisa científica tenha sempre presente a pessoa humana, fim último de todo conhecimento, independentemente de etnia, religião, cor, sexo e fase da vida.

Dentro do horizonte atual e rico do tema, este livro, obra do Padre Luiz Antonio Bento, se propõe a aprofundar limites éticos concernentes à pesquisa em seres humanos. Padre Bento intenta demonstrar as implicações éticas presentes nessas pesquisas e esclarecer a opinião pública, para que possa compreender o significado humano dos resultados obtidos nas pesquisas biomédicas.

Para que a pesquisa biomédica esteja, verdadeiramente, a serviço do homem e da sociedade, é importante que seja compreendida na amplitude do olhar contemplativo, como bem enfatizou o Papa João Paulo II na Encíclica *Evangelium Vitae* (n. 83): "Para isso, urge, antes de mais, cultivar, em nós e nos outros, um olhar contemplativo. Este nasce da fé no Deus da vida, que criou cada homem fazendo dele um prodígio (cf. Sl 139[138],14). É o olhar de quem observa a vida em toda a sua profundidade, reconhecendo nela as dimensões de generosidade, beleza, apelo à liberdade e à responsabilidade. É o olhar de quem não pretende apoderar-se da realidade, mas a acolhe como um dom, descobrindo em todas as coisas o reflexo do Criador e em cada pessoa a sua imagem viva (cf. Gn 1,27; Sl 8,6). Este olhar não se deixa cair em desânimo à vista daquele que se encontra enfermo, atribulado, marginalizado, ou às portas da morte; mas deixa-se interpelar por todas estas situações, procurando nelas um sentido, sendo, precisamente em tais circunstâncias, que se apresenta disponível para ler de novo no rosto de cada pessoa um apelo ao entendimento, ao diálogo, à solidariedade".

A obra do Padre Bento é oportuna, pois, além de enriquecer a bibliografia na área da ética, oferece uma abordagem que poderá ser de grande valia na reflexão pastoral da Igreja, auxiliando o entendimento dos problemas conexos ao desenvolvimento do progresso tecnológico e científico que suscitam questões éticas e respostas bem fundamentadas, claras e coerentes com a fé.

Por fim, o livro abre o horizonte para novas reflexões e estudos, certamente necessários para que a bioética possa dar respostas balizadoras que auxiliem o progresso da ciência a favor da vida.

Dr. Pe. Aníbal Gil Lopes
Professor Titular da Universidade Federal do Rio de Janeiro (UFRJ)
Membro Ordinário da Pontifícia Academia Pro Vita (Vaticano)
Membro Titular da Academia Nacional de Medicina
Membro da Comissão de Bioética da CNBB

Introdução

Vivemos um momento histórico com as extraordinárias descobertas científicas na área das ciências da saúde e da vida. O homem consegue manipular a própria fonte da vida. Tudo é passível de ser modificado e melhorado. Se ontem a visão do mundo e do homem era teocêntrica, Deus como critério de discernimento, hoje o homem se sente autossuficiente, não precisando mais de uma referência sobrenatural para tomar as suas próprias decisões. O homem da revolução biotecnológica tornou-se independente.

Diante isso, surgem perguntas para as quais este livro procura respostas. A técnica pode ser usada livremente, tendo como limite apenas os meios que tem à disposição? Uma manipulação do homem sobre o ser humano não tornará a medicina causa de sofrimento, quando esta deve curar e fazer a humanidade mais feliz?

Uma questão importante a ser considerada é que a pesquisa científica, ainda que seja desenvolvida por uma comunidade especializada, é uma realidade que interfere em toda a sociedade, razão pela qual é do interesse e da responsabilidade comum de todos os cidadãos. Assim sendo, a bioética ultrapassa a multidisciplinaridade, sendo espaço da partilha dos saberes e entendimentos de todos, transportando seus limites, inclusive as dimensões da "multiculturalidade".

Tratando com responsabilidade e seriedade a pesquisa em seres humanos, os governos assumem seu papel de guardiães da dignidade dos povos e etnias que constituem e formam a nação, respeitando não só as diversidades da "multiculturalidade" como também a diversidade das condições socioeconômicas, as quais frequentemente, nos países em desenvolvimento, geram situações de grande vulnerabilidade para o sujeito de pesquisa. Essa responsabilidade decorre do fato de que não pode ser considerado um verdadeiro progresso científico e tecnológico aquele que não respeita a própria dignidade humana.

Esta obra, no conjunto dos seus quatro capítulos, interpela para a importância das pesquisas biomédicas e insiste na necessidade de fazer crescer a consciência das exigências éticas concernentes à integridade física e psíquica do ser humano, à igualdade de direito individual e comunitário entre todos os homens.

Neste contexto, vários aspectos éticos da pesquisa científica são tratados com grande clareza e propriedade pelo Catecismo da Igreja Católica. Vale a pena reproduzir o texto relativo ao capítulo em que é tratada a questão do respeito à pessoa e à pesquisa científica:

> As experiências científicas, médicas ou psicológicas em pessoas ou grupos humanos podem concorrer para a cura dos doentes e para o progresso da saúde pública. A pesquisa científica de base, como a pesquisa aplicada, constituem uma expressão significativa do domínio do homem sobre a criação. A ciência e a técnica são recursos preciosos postos a serviço do homem e promovem seu desenvolvimento integral em benefício de todos; contudo, não podem indicar sozinhas o sentido da existência e do progresso humano. A ciência e a técnica estão ordenadas para o homem, do qual provêm sua origem e seu crescimento; portanto, encontram na pessoa e em seus valores morais a indicação de sua finalidade e a consciência de seus limites. As pesquisas ou experiências no ser humano não podem legitimar atos em si mesmos contrários à dignidade das pessoas e à lei moral. O consentimento eventual dos sujeitos não justifica tais atos. A experiência em seres humanos não é moralmente legítima se fizer a vida ou a integridade física e psíquica do sujeito correrem riscos desproporcionais ou evitáveis. A experiência em seres humanos não atende aos requisitos da dignidade da pessoa se ocorrer sem o consentimento.

Por fim, o livro não tem a pretenção de exaurir a questão, que, certamente, prosseguirá por muito tempo em discussão. Afinal, diz respeito à vida, e como as ciências da saúde e da vida não param, a ética deve caminhar junto e vice-versa até o fim.

I
Pesquisa biomédica em seres humanos

A medicina, ainda que desde os seus primórdios tenha sido experimental, assumiu para si a metodologia científica inaugurada por Francis Bacon (1561-1626). Seu progresso é baseado na pesquisa científica, que se serve da experimentação em laboratório, em animais e em seres humanos.

Não se discute a importância da experimentação biomédica, especialmente a terapêutica no homem. Ela é indispensável e imprescindível para o progresso científico e médico na busca de novos métodos diagnósticos e terapêuticos, bem como para a promoção da saúde.

O rápido progresso das ciências biomédicas trouxe novos e inquietantes problemas éticos. Porém, o desenvolvimento biotecnológico não pode subordinar a pessoa humana ao interesse das ciências, da atividade experimental e seus interesses econômicos correspondentes. Por outro lado, deixar de realizar a investigação em seres humanos não é aceitável, tendo em vista todos os benefícios incalculáveis que ela pode oferecer. Antiético seria deixar de fazê-la.

Este capítulo se propõe a tratar da pesquisa que pode envolver seres humanos e que é destinada ao seu próprio benefício. Trata-se de pesquisa feita para o homem, no homem e com o homem.

1.1. Considerações iniciais sobre pesquisa biomédica em seres humanos

Não é possível separar a história da experimentação em seres humanos da história da medicina. É sabido que na era hipocrática já era praticada a vivissecção com a finalidade de compreender a estrutura anatômica do ser humano, sendo que só no século XVII foram realizadas as primeiras experiências destinadas à compreensão da funcionalidade do organismo. Contudo, somente na era hospitaleira da medicina do século XIX é que se deu a maturação dos estudos de fisiologia e patologia, essencial ao entendimento da saúde e da doença.

Paralelamente à evolução da medicina experimental, em particular da patologia e da farmacologia, a utilização de seres humanos na pesquisa se impôs para o estudo dos mecanismos patogênicos e terapêuticos. Em graus variáveis, esses estudos podem levar tanto a desconfortos passageiros como a danos reversíveis ou irreversíveis, gerando assim conflito de interesses entre o pesquisador e o sujeito de pesquisa.

A tomada de consciência das implicações éticas, legais e sociais da pesquisa biomédica em seres humanos se dá somente depois da Segunda Guerra Mundial, particularmente, através dos julgamentos dos crimes de guerra pelo Tribunal de Nuremberg. Um dos temas mais polêmicos tratados por esse tribunal foi o das experimentações realizadas nos campos de concentração nazistas, em prisioneiros sadios e doentes, sem o conhecimento e consentimento dos mesmos. A análise levada a cabo em Nuremberg revelou o desvio da conduta de pesquisadores que, na busca dos bens da saúde e da vida, deixaram de respeitar esses mesmos bens nos sujeitos de pesquisa. Esses desvios não ocorreram unicamente nos campos de concentração nazistas, mas também e, posteriormente, em outros países do Ocidente, inclusive nos EUA.

O ser humano vem sendo seguidamente objeto de pesquisas em muitos aspectos da sua realidade, sem que, em muitos casos, sejam devidamente avaliadas as implicações éticas. Um desses aspectos particulares corresponde à necessidade da busca de novas abordagens terapêuticas para o tratamento de doenças ainda sem cura ou aquelas cujas terapias podem ser aperfeiçoadas, o que exige a pesquisa envolvendo seres humanos.

Com o rápido avanço das ciências, várias definições vêm sendo propostas para a pesquisa biomédica, como a apresentada nas Diretrizes Éticas Internacionais para a Pesquisa Biomédica sem Seres Humanos, do Conselho de Organizações Internacionais de Ciências Médicas (CIOMS). Esse documento, proposto com a finalidade de facilitar e encorajar as atividades internacionais no âmbito das ciências médicas, afirma que "o termo *pesquisa* se refere a um tipo de atividade estruturada para desenvolver ou contribuir para o conhecimento generalizável e inclui os estudos médicos e de comportamento relativos à saúde humana. De modo geral, o termo pesquisa é acompanhado pelo adjetivo *biomédica* para indicar sua relação com a saúde".[1]

O significado da palavra "experimentação" não é sempre univocamente entendido. Essa expressão pode comportar significados subjetivo e objetivo.

Seu significado subjetivo corresponde à experimentação como repetição de uma ação realizada por um sujeito que conhece sua modalidade e êxitos por via ordinária e, dessa forma, adquire uma habilidade que antes não possuía. Assim entendida, experimentação corresponde à aprendizagem. No campo científico, o significado que se dá à palavra "experimentação" é o do método cujo objetivo é o de adquirir um conhecimento novo e generalizável.

Nesse sentido, a experimentação corresponde à verificação, mediante o uso direto de procedimentos ou meios que são novos, dos quais não são conhecidas as possíveis consequências diretas ou indiretas, imediatas ou em longo prazo.

1.2. Necessidade da regulamentação ética da pesquisa biomédica em seres humanos

A natureza empírica da biomedicina postula a necessidade da experiência. Depois de Galileu Galilei (1564-1642), a ciência cresceu exponencialmente, levando ao aperfeiçoamento do método experi-

---

[1] CONSELHO DE ORGANIZAÇÕES INTERNACIONAIS DE CIÊNCIAS MÉDICAS (CIOMS). *Diretrizes Éticas Internacionais para a Pesquisa Biomédica em Seres Humanos.* São Paulo: s.n., 2004. 31.

mental e ampliando suas possibilidades e potencial. Por outro lado, a ciência baseada na experimentação e análise da realidade levou a um novo modo de ver a realidade, no qual só é verdadeiro o que se pode demonstrar empiricamente, ou seja, com base em demonstrações experimentais sólidas.

Nas últimas décadas, os avanços verificados na biomedicina e na biotecnologia permitiram interferir e manipular os seres vivos, inclusive os seres humanos, o que afeta direta ou indiretamente a vida de todos, trazendo importantes e complexas questões éticas.

Ainda que os antecedentes da reflexão bioética possam ser rastreados no século XIX,[2] foram as atrocidades cometidas na Alemanha nazista que, nos julgamentos do Tribunal de Nuremberg, chamaram a atenção mundial para a necessidade de se estabelecer limites para a atividade científica.

O Código de Nuremberg (1947) é um importante marco internacional da regulamentação da pesquisa em seres humanos baseado no conceito dos direitos fundamentais e universais da pessoa humana. Nele foram estabelecidos limites éticos para a atividade científica dos profissionais que realizam pesquisas em seres humanos, enfatizando a necessidade do consentimento livre e esclarecido dos sujeitos de pesquisa, o que é claramente enunciado no primeiro parágrafo desse Código:

> O consentimento voluntário do ser humano é absolutamente essencial. Isso significa que as pessoas que serão submetidas ao experimento devem ser legalmente capazes de dar consentimento; essas pessoas devem exercer o livre direito de escolha sem nenhuma intervenção de

---

[2] Foi com o propósito de fomentar a reflexão acadêmica multidisciplinar sobre as questões relacionadas com a dignidade da pessoa humana, desde a fecundação até o seu declínio natural, que o Papa João Paulo II criou, através do moto-próprio *Vitae Mysterium*, de 11 de fevereiro de 1994, a Pontifícia Academia para a Vida, constituída por insignes especialistas em diferentes áreas, tais como as das ciências biomédicas, direito, filosofia e teologia, entre outras. Essa Academia vem, desde então, produzindo, ano após ano, excelentes subsídios que, de forma competente, abordam as delicadas questões referentes à defesa e promoção da vida.

elementos de força, fraude, mentira, coação, astúcia ou outra forma de restrição posterior; devem ter conhecimento suficiente do assunto em estudo para tomarem uma decisão. Esse último aspecto exige que sejam explicados às pessoas a natureza, a duração e o propósito do experimento; os métodos segundo os quais será conduzido; as inconveniências e os riscos esperados; os efeitos sobre a saúde ou sobre a pessoa do participante, que eventualmente possam ocorrer, devido à sua participação no experimento. O dever e a responsabilidade de garantir a qualidade do consentimento repousam sobre o pesquisador que inicia ou dirige um experimento ou se compromete nele. São deveres e responsabilidades pessoais que não podem ser delegados a outrem impunemente.

O Código de Nuremberg é seguido pela promulgação da Declaração Universal dos Direitos Humanos pela Assembleia Geral da Organização das Nações Unidas (1948). Esses direitos, tomados como fundamentais e universais, transformaram as relações sociais, particularmente no Ocidente. No Art. 1º fica estabelecido que "todos os homens nascem livres e iguais em dignidade. São dotados de razão e consciência e devem agir em relação uns aos outros com espírito de fraternidade".

Dentro dessa mesma linha de pensamento, o Código Internacional de Ética Médica (1949), ao tratar dos deveres do médico em geral, ressalta que "qualquer ato ou conselho que possa enfraquecer física ou moralmente a resistência do ser humano só poderá ser admitido em seu próprio benefício".

A consciência dos possíveis desvios nas pesquisas médicas não diminui sua legitimidade. Os incidentes que ocorreram, por mais graves que possam ter sido, não invalidam a necessidade da pesquisa em seres humanos, mas mostram a necessidade de haver adequado controle social das mesmas. Ela deverá ser conduzida com rigor científico, prudência e uso de metodologia adequada, de modo que sejam alcançados os benefícios das inovações, evitando e limitando os possíveis riscos.

Nessa perspectiva, Pio XII, ainda em 1958, havia se manifestado sobre a importância e validade da experimentação em seres humanos, afirmando que a medicina tem o direito a realizar "tentativas e intervenções, com métodos e procedimentos novos", desde que sejam para o *bonum commune*, ou seja, voltados para o "interesse da comunidade" e da "sociedade humana".

A quarta cláusula da Introdução da Declaração de Helsinki (1964, mantida nas versões posteriores) reconhece que "o progresso da medicina se baseia na investigação, a qual, em última análise, tem que recorrer, muitas vezes, à experimentação em seres humanos". Essa Declaração exige a conformidade da pesquisa médica aos princípios científicos geralmente reconhecidos (Art. 12); a clara exposição do projeto em um protocolo relatado por escrito (Art. 14); a submissão a exame de um comitê independente de análise (Art. 15) e a responsabilidade pela condução da mesma por investigador qualificado (Art. 16). Esses princípios estão claramente expressos, também, na Resolução n. 196/96 do Conselho Nacional de Saúde do Brasil.

Como uma nítida evolução da valorização dos direitos da pessoa, nas versões da Declaração de Helsinki, posteriores a 1975, é enfatizada a superioridade ética dos interesses do indivíduo sobre os interesses da ciência e da sociedade. A Cláusula 5 da Introdução da versão de Edimburgo (2000) declara que "a preocupação pelos interesses dos sujeitos deve sempre ter a prevalência sobre interesses da ciência e da sociedade".

No Código de Ética Médica do Brasil (2009), Capítulo XII, que dispõe sobre o "Ensino e Pesquisa Médica", o Art. 99 proíbe ao médico de "participar de qualquer tipo de experiência envolvendo seres humanos com fins bélicos, políticos, raciais, eugênicos ou outros que atentem contra a dignidade humana". Além disso, a experiência científica envolvendo seres humanos requer, segundo o Art. 100, a "aprovação de protocolo para a realização de pesquisa em seres humanos, de acordo com a legislação vigente". O Art. 101 exige que se obtenha do "paciente ou de seu representante legal o termo de consentimento livre e esclarecido para a realização de pesquisa envolvendo seres humanos, após as devidas explicações sobre a natureza e as consequências da pesquisa". Deve-se garantir, conforme o Art. 105, que os participantes da pesquisa médica não "sejam direta ou indiretamente dependentes ou subordinados ao pesquisador".

Na pesquisa científica é fundamental definir o seu objetivo, o sujeito e as condições de sua realização, seja ela de investigação básica, diagnóstica ou terapêutica. Não pode deixar de ser avaliado o grau de vulnerabilidade do sujeito de pesquisa, pois diferentes situações podem limitar o uso de sua autonomia, tais como as advindas de suas condições de saúde física e mental e de situações particulares de vida, tais como as proporcionadas pelas instituições totais, como são as prisões, os regimentos militares e os internatos. Por outro lado, por não poderem expressar diretamente suas necessidades e desejos, são particularmente vulneráveis os embriões, fetos e menores de idade. No Brasil, em particular, não pode deixar de ser lembrada a situação dos indígenas, que são tutelados pelo Estado. Devem sempre ser garantidas as condições para o adequado exercício da liberdade e da autonomia, o que inclui o acesso às informações claras e corretas, que são necessárias para a validade do consentimento livre e esclarecido.

A ética deve iluminar o caminho dos pesquisadores, pois ela é capaz de indicar o equilíbrio entre a natureza e a pessoa, a tecnologia e a vida humana. Todo ser humano é inviolável em sua dignidade e desfruta de igual direito na sociedade, a qual tem o dever de lhe garantir o exercício de sua autonomia na medida de sua capacidade específica. Portanto, em nome da sociedade e da ciência, o pesquisador tem o dever de respeitar e evitar qualquer prejuízo ao sujeito de pesquisa.

1.3. Finalidades da pesquisa biomédica em seres humanos

Tanto o Código de Nuremberg como a Declaração de Helsinki reconhecem uma distinção fundamental entre a pesquisa básica e aquela destinada à aplicação diagnóstica ou terapêutica.

A pesquisa básica tem como objetivo direto verificar hipóteses científicas, sem correlação direta de benefícios com as necessidades do sujeito pesquisado ou da sociedade. Por outro lado, a pesquisa aplicada tem por objetivo o desenvolvimento de métodos diagnósticos ou terapêuticos, e é destinada para o benefício individual e o da sociedade como um todo. Ou seja, enquanto a pesquisa básica tem como finalidade adquirir conhecimentos, prescindindo de uma utilidade imediata; a aplicada é orientada para a beneficência, e como tal deve possuir relevância diagnóstico-terapêutica direta para o sujeito de pesquisa, para a sociedade, ou ambos.

A introdução de novos medicamentos, técnicas cirúrgicas e métodos diagnósticos está sujeita a incógnitas, riscos e perigos para a pessoa humana. Por isso, a proteção da dignidade e dos direitos humanos impõe ao estudo a necessidade de estabelecer critérios que minimizem a possibilidade de ocorrer qualquer tipo de maleficência.

Entre os princípios básicos da Declaração de Helsinki encontra-se a obrigação de obter o consentimento livre e esclarecido do sujeito de pesquisa ou de seu representante legal, o que é exigido pela Resolução n. 196/96 do Conselho Nacional de Saúde do Brasil. Todavia, se por algum motivo não for possível obter o *Termo de Consentimento Livre e Esclarecido* (TCLE), a Resolução acima referida dispõe que o Comitê de Ética em Pesquisa (CEP) e, se for o caso, a Comissão Nacional de Ética em Pesquisa (CONEP), após a devida análise do protocolo da pesquisa, diante de justificativas relevantes e eticamente aceitáveis, poderão dispensar sua necessidade.

Embora a pesquisa com sujeito humano exija o seu livre consentimento ou do seu responsável legal, a responsabilidade da pesquisa é sempre do pesquisador e não do paciente. O pesquisador deve respeitar o direito de cada indivíduo, resguardar sua integridade pessoal. Para evitar conflito de interesses, o sujeito de pesquisa não pode ter uma relação de dependência com o pesquisador, tal como aquela que existe entre comandado e comandante, no exército; professor e aluno, nas universidades; e qualquer outra situação análoga de hierarquia. Por outro lado, a qualquer momento, no decorrer da pesquisa, o paciente ou o seu responsável são livres para desistir da autorização dada para a realização do estudo e deixar de ser sujeito de pesquisa. No entanto, desistir de completar o estudo proposto não deve interferir no seu direito de receber o tratamento preconizado para doença.

A razão da pesquisa de novos métodos terapêuticos reside na esperança de encontrar alívio do sofrimento, prevenção e remédio de doenças para as quais não há tratamento possível ou, para aquelas que já dispõem de alternativas terapêuticas, outro mais eficiente. O mesmo se pode dizer sobre os métodos diagnósticos. Na pesquisa clínica, o estudo desses novos métodos diagnósticos ou terapêuticos só é eticamente aceitável sob a condição de os pacientes não serem privados do uso dos melhores métodos disponíveis, o que permite a verificação da semelhança ou superioridade do tratamento proposto em relação aos já existentes. Não é eticamente aceitável privar o paciente de procedimentos seguros para experimentar outros desconhecidos, sem eficácia comprovada e possíveis efeitos secundários desconhecidos. Assim sendo, não pode ser utilizado placebo ou métodos de retirada de tratamento já estabelecido (*washout*) na realização de estudos envolvendo medicamentos. Esta é a razão pela qual a Resolução n. 404/2008, do Conselho Nacional de Saúde do Brasil, discordar da nova Declaração de Helsinki, uma vez que esta aceita que um novo medicamento seja comparado ao placebo em populações que não dispõem de nenhum tipo de tratamento. Ainda, em 1975, no Brasil, as pesquisas clínicas foram regulamentadas pela Resolução do Conselho Federal de Medicina (CFM) n. 671/1975, publicada no Diário Oficial (Seção I - Parte II) de 1/9/1975. A Resolução foi aprovada em vista da necessidade de estabelecer normas de orientação a serem seguidas pela classe médica, referentes às pesquisas e ao entendimento entre o pesquisador e o sujeito de pesquisa, e assegura que o legítimo interesse do pesquisador não deve, de forma alguma, pôr em perigo a vida do indivíduo submetido à pesquisa e considera a Declaração de Helsinki, adotada pela Associação Médica Mundial, como guia a ser seguido pela classe médica em matéria referente à pesquisa em seres humanos.

Os documentos internacionais e nacionais recomendam que as pesquisas não terapêuticas, antes de serem aplicadas ao homem, sejam realizadas previamente em modelos celulares e animais. Os projetos de pesquisa devem ser rigorosos e cuidadosamente pensados e aprovados por um comitê legitimamente reconhecido. De acordo com as normas vigentes no Brasil, o paciente não pode ser visto como mero objeto de pesquisa, mas como seu sujeito ativo.

1.4. Alguns tipos de pesquisa biomédica em seres humanos

A pesquisa em seres humanos faz parte da própria história da medicina, feita ao longo dos séculos em todo o mundo, com diferentes padrões de ética e de qualidade. Ela pode ser realizada com indivíduos voluntários, sadios ou doentes, sendo exigência ética que eles possam exercer sua autonomia (ou que os seus responsáveis a representem). Assim sendo, pessoas em condições de grande vulnerabilidade não devem ser sujeitos de pesquisa, tais como os condenados à morte, prisioneiros, militares, internos em instituições destinadas aos cuidados de órfãos e pessoas abrigadas em campos de refugiados, entre outros.

Uma forma particular de pesquisa é a realizada em si mesmo, o que se constitui na chamada autoexperimentação. Muitos pesquisadores testaram desta forma a validade de novas terapias, causando, por vezes, a própria morte. Trata-se de uma atividade científica que foge às regras da pesquisa comum sobre outros sujeitos.

Ao longo da história, alguns gestos de altruísmo podem ser recordados. Entre outros, está o caso de Moisés Maimônides, médico e filósofo judeu do século XII, que instruía os seus aprendizes a experimentar sobre si mesmos a eficácia dos procedimentos então disponíveis. Werner Forsman, Prêmio Nobel de 1956, realizou o cateterismo cardíaco em si próprio, pela primeira vez, em 1929. Outro pesquisador que usou a si mesmo, além da mulher e dos filhos como sujeitos de pesquisa, foi Jonas Salk. Por ocasião dos testes iniciais com a vacina contra a poliomielite, Salk declarou: "Quando você inocula crianças com a vacina contra a pólio, você não dorme bem por dois ou três meses". Para resolver seu conflito, Salk decidiu compartilhar os mesmos riscos e, assim, vacinou a si mesmo, sua mulher e seus filhos. Na história da medicina no Brasil, recorda-se que o Dr. Vital Brasil, cientista de fama mundial por ter desenvolvido os soros antiofídicos, deixou-se morder por cobras venenosas para poder testar a eficácia e segurança desses soros.

Deve ser notado que, do ponto de vista ético, na sociedade não é aceitável que alguém seja exposto a algum risco desnecessário ou desproporcional, mesmo que seja o próprio pesquisador, que deve seguir as normas válidas para todo e qualquer sujeito de pesquisa. Por outro lado, o uso de familiares — como cônjuges e filhos — não é aceitável, pois essas relações familiares tornam o sujeito de pesquisa vulnerável, uma vez que existe uma coação, ainda que afetiva e inconsciente, que limita a liberdade para aceitar ou não participar do experimento. Essa situação gera um conflito de interesses entre o desejo da descoberta científica e o uso das pessoas próximas como sujeitos de pesquisa expostos a riscos não previsíveis.

Nem todos os experimentos destinados ao estudo de novos métodos diagnósticos e terapêuticos podem ser estudados em pessoas sadias. Como exemplo pode ser citada a determinação de características farmacocinéticas de medicamentos novos ou de seus similares (como ocorre no caso dos medicamentos genéricos) em sujeitos sadios. Neste caso, o uso de sujeitos de pesquisa sadios evita a interferência das alterações funcionais advindas da doença, que podem levar à interpretação errônea dos resultados obtidos.

Ainda que toda experimentação em seres humanos envolva riscos para o sujeito de pesquisa, esses estudos em pessoas sadias exigem cuidados especiais para minimizá-los.

Tanto segundo as Diretrizes e Normas Regulamentadoras de Pesquisas Envolvendo Seres Humanos, do Conselho Nacional de Saúde, Resolução n. 196/96, como segundo o Código de Ética Médica brasileiro, a pesquisa com sujeito humano não pode ser realizada sem que o participante tenha dado consentimento por escrito, após devidamente esclarecido sobre a sua natureza, possíveis riscos e benefícios.

Outras exigências postas pela Resolução n. 196/96 em relação à obtenção do Termo de Consentimento Livre e Esclarecido se refere à necessidade de todos os esclarecimentos serem apresentados em linguagem acessível àqueles que possam ser convidados a participar como sujeitos de pesquisa de estudos em seres humanos. Na situação particular de nosso país, em que grande parte da população pode ser considerada vulnerável, quer pela situação econômica, quer pela baixa escolaridade e dificuldade em ler e compreender ideias expressas por meio de termos técnicos e linguagem elaborada, o processo de esclarecimento exige especial cuidado, pois sem ele nenhum consentimento tem valor ético e legal. Isso é decorrência do fato de que aquele que é convidado a se tornar sujeito de pesquisa só pode tomar uma decisão livre e consciente se tiver compreendido, na medida de sua capacidade, os riscos e benefícios aos quais estaria se expondo ao participar do estudo.

Outro elemento importante a ser ponderado é saber quais são as motivações que levaram a pessoa a se apresentar como voluntária para a determinada pesquisa. Ainda que no Brasil o sujeito de pesquisa não possa ser remunerado por sua participação nos estudos, é previsto o ressarcimento dos gastos com transporte e alimentação. Assim sendo, é possível que um voluntário em dificuldade econômica possa participar de um estudo clínico unicamente com o intuito de auferir algum lucro, seja monetário ou material, representado, por exemplo, pela alimentação oferecida nos dias em que os procedimentos experimentais são realizados. É eticamente inaceitável que sejam oferecidas vantagens aos sujeitos de pesquisa com o intuito de aliciá-los, pois isso criaria um grave conflito de interesses. O mesmo impeditivo ético se dá quando o procedimento experimental é oferecido como a cura para um doente incurável, que por sua própria condição de saúde se encontra extremamente vulnerável, sem expor os limites do tratamento previsto, seus possíveis riscos e benefícios. Isso envolveria, de certo modo, prometer o que não é possível, gerando uma expectativa maior do que a real, portanto falsa ou fantasiosa e, assim sendo, com alta possibilidade de ser frustrante. Esta situação poderia ser entendida como a indução de pessoas altamente vulneráveis a aceitar a condição de sujeito de pesquisa através da insinuação de benefícios que podem ser esperados, mas que não podem ser garantidos, dos procedimentos experimentais.

A condição de voluntário dos sujeitos de pesquisa não exime o pesquisador da responsabilidade por todos os efeitos decorrentes da pesquisa.

1.5. Pesquisa em sujeitos expostos a condições particulares de vulnerabilidade

A partir do final da Segunda Guerra Mundial, dois fatores levaram a uma reavaliação da necessidade de regular a prática médica. Por um lado, os horrores dos campos de concentração associados a pesquisas médicas realizadas em certos grupos da população tinham chocado e envergonhado o mundo. Por outro lado, o progresso científico e tecnológico trouxe situações novas que exigiam decisões complexas, tais como a escolha de pacientes para receber tratamentos não disponíveis para todos os que dele poderiam ser beneficiários.

Foi o horror causado pelos experimentos nazistas que estimularia a elaboração do primeiro texto de referência em bioética, de alcance internacional: o Código de Nuremberg (1947). O Código, elaborado por ocasião do julgamento dos crimes de guerra realizados pelo Tribunal Internacional de Nuremberg, contempla um conjunto de princípios que deveriam nortear as pesquisas a serem realizadas em seres humanos.

Isso não impediu que continuassem sendo desenvolvidos estudos em seres humanos no chamado mundo civilizado. Há casos clássicos, bem documentados, como o *Tuskegee Syphilis Study*, iniciado na década de 1930 e conduzido por muitos anos, cujos resultados se tornaram públicos apenas em 1972. Esse estudo, realizado pelo *Public Health Service*, em Macon County, Alabama, nos EUA, sem o conhecimento e o consentimento dos sujeitos de pesquisa, analisou doentes de sífilis de uma comunidade pobre constituída por afrodescendentes analfabetos que não receberam tratamento para que se pudesse estudar a evolução natural da doença.[3] Em 1996, o governo norte-americano pediu desculpas públicas àquela comunidade negra pelo que foi feito.

Diante da gravidade dos problemas que vão aparecendo, uma declaração que trata das questões relativas às pesquisas em seres humanos é submetida à votação e aprovada na XVIII Assembleia Médica Mundial realizada em Helsinki, Finlândia, em 1964. O texto foi revisado pela primeira vez durante a 29ª Assembleia Geral, em Tóquio, Japão (1975); e, posteriormente, nas Assembleias de Veneza, Itália (1983); Hong-Kong (1989); Sommerset West, África do Sul (1996); Edimburgo, Escócia (2000); e Seul, Coreia do Sul (2008). Sua última versão, sob pressão das empresas multinacionais de fármacos, relativizou o uso do placebo, razão pela qual o Brasil não a ratificou. A Resolução n. 404/2008 do Conselho Nacional de Saúde e o novo Código de Ética Médica, Resolução CFM n. 1.931/2009, expressam a posição brasileira contra o uso de placebo e eventual suspensão de tratamento (*washout*).

Trabalho publicado por Hans-Martin Sass (1983)[4] mostra situações ainda anteriores à guerra, como a de uma circular emitida pelo

---

[3] *Public Health Reports*, v. 68, n. 4, April 1953, pp. 391-395.

[4] Cf. SASS, H. M. Reichsrundschreiben 1931: pre-Nuremberg German regulations concerning new therapy and human experimentation. *J. Med. Philos.*, 8, 2, May, 1983 pp. 99-111.

Ministério da Saúde alemão, em 1931, destinada a regular o uso de novas terapias e as pesquisas científicas em seres humanos, a qual continuou vigente durante o regime nazista. Neste documento o direito à concordância do paciente, ou de seu substituto legal, foi reconhecido. Ele devia conceder seu consentimento "claro e indubitável" para participar de ensaios clínicos e experimentais programados. Sua ordenação legal é muito semelhante à encontrada no Código de Nuremberg, publicado em 1947, como mostra Sass.[5]

A semelhança entre os variados códigos existentes, tanto internacionais como locais, mostram convergência universal de opinião sobre os princípios éticos fundamentais, o que pode ser tomado como uma manifestação da existência de uma lei natural. Isto pode ser confirmado pela observação das legislações estabelecidas em diferentes países.

O fato de essas legislações não impedirem atrocidades registradas com certa frequência faz pensar que a questão fundamental esteja relacionada com a atribuição da condição humana ou da cidadania. Por não terem sido considerados seres humanos e cidadãos merecedores de respeito, os ciganos, homossexuais, doentes mentais, idosos incapacitados e judeus, entre outras pessoas não desejadas pela sociedade nazista, a legislação mencionada não interferiu nos experimentos realizados por cientistas, dentre os quais Mengele pode ser tomado como paradigma. De fato, apesar da Lei, a sociedade (representada pelo Estado) não os incluiu como dignos dos direitos mais fundamentais.

A fim de assegurar as exigências de base legal do sistema da bioética, a Declaração de Helsinki prescreve que a missão do médico é salvaguardar a saúde das pessoas, e o seu conhecimento acumulado deve estar a serviço dessa nobre missão.

---

[5] Cf. KOTTOW, M. "História da ética em pesquisa com seres humanos". *Revista Eletrônica de Comunicação Informação & Inovação em Saúde*. Rio de Janeiro, v. 2, sup. 1, p. Sup.7-Sup.18, dezembro, 2008.

A Declaração, em seus princípios básicos, exige que a pesquisa científica respeite uma proporcionalidade adequada entre os possíveis riscos e benefícios para o sujeito de pesquisa. Além disso, deve também respeitar a privacidade do participante e minimizar o impacto do estudo sobre sua integridade física e mental, sua personalidade, e adequadamente informar o participante sobre os objetivos, métodos, benefícios previstos e potenciais perigos do estudo e o incômodo que este possa acarretar-lhe.

No Brasil, em concordância com a Declaração de Helsinki, os objetivos, fundamentação científica, riscos e benefícios, programa e cada procedimento da pesquisa a ser realizada em seres humanos devem ser enunciados claramente em um protocolo de pesquisa que deve ser avaliado por um Comitê de Ética em Pesquisa e, quando necessário, pela Comissão Nacional de Ética em Pesquisa (CONEP).

Enfim, há uma farta bibliografia sobre a eticidade das pesquisas em pessoas particularmente vulneráveis, pois se reconhece que nelas pode haver fatores que lhes diminuem a liberdade de decisão. Deve-se ter cuidado para que, quando convidadas a participar como sujeitos de pesquisa, tenham a plena liberdade para manifestar seu consentimento, evitando qualquer situação que possa representar coação, tais como as originadas em situações de necessidades econômicas, comum nos países em desenvolvimento.

II
Critérios éticos para a pesquisa biomédica em seres humanos na sociedade pluralista

Ainda que a incorporação da tecnologia à medicina seja apontada como um desafio ao bom relacionamento entre médico e paciente, não deve ser olhada com medo ou desconfiança, pois, como já falamos, ela tem permitido grande avanço no diagnóstico e tratamento de inúmeras doenças, o que se reflete no aumento considerável da expectativa de vida da população. Por outro lado, é importante desenvolver em todos os segmentos da sociedade, em particular entre os cientistas e profissionais da saúde, o valor das exigências éticas relativas ao respeito à integridade física e psíquica da pessoa e o reconhecimento de seus direitos e respeito à sua autonomia. O caminho privilegiado para esse amadurecimento ético – esperado e desejado não só para os especialistas, mas para toda a sociedade, como já discutido anteriormente – é o diálogo franco e direto, aberto e permanente, constante e harmonioso sobre as responsabilidades da ciência e da tecnologia, imprescindível para o bem da família humana.

Vem-se observando entre os especialistas um novo sentido de responsabilidade para com o público, o que é bem retratado pela resposta encontrada por Hervé Carrier à pergunta que ele faz a si próprio: Será que estamos a assistir ao surgimento dum acordo ético entre ciência e sociedade? O diálogo esclarecido entre o setor científico e o público deve ser encorajado como uma nova dimensão da moderna cultura.

João Paulo II, em discurso aos cientistas e representantes da Universidade das Nações Unidas, em Hiroshima (1981), já havia enfatizado a importância da ciência tomar consciência de que o futuro da humanidade depende hoje, mais do que nunca, das opções éticas comuns. De fato, hoje o futuro de cada um de nós depende da colaboração ética de todos. Por essa razão, é necessário fazer emergirem as responsabilidades políticas e culturais de cada homem e da coletividade na relação com a vida humana. É preciso dar novo passo para frente. A perda ou ignorância dos verdadeiros valores traz o risco da destruição da humanidade; portanto, precisamos ser sábios e prudentes.

Autores como o filósofo Hans Jonas (1903-1993) afirmam que as ações humanas influenciam o mundo real, afetando o bem-estar de todos com consequências que, no futuro, poderão não ser passíveis de reparação.

Para Tomás de Aquino (1225-1274), cuja contribuição ao pensamento do mundo ocidental é incontestável, o homem ao lado de uma capacidade própria de agir necessita se relacionar com o outro, não podendo viver voltado para si próprio. Tomás oferece um válido modelo de harmonia entre razão e fé, dimensões do espírito humano, que se realizam plenamente quando se encontram e dialogam. Deus, sendo ao mesmo tempo o criador da razão humana e o autor da fé, é quem garante a harmonia entre ambas. Por essa razão, Tomás de Aquino assegura que "é ilusório pensar que, tendo pela frente uma razão débil, a fé goze de maior incidência; pelo contrário, cai no grave perigo de ser reduzida a um mito ou superstição. Da mesma maneira, uma razão que não tenha pela frente uma fé adulta não é estimulada a fixar o olhar sobre a novidade e radicalidade do ser" (*Fides et Ratio*, n. 48).

O fato de a relação entre fé e razão constituir um dos grandes desafios culturais dominantes no mundo ocidental levou João Paulo II, em 1998, a iniciar uma de suas importantes encíclicas com a seguinte afirmativa: *Fides et Radio binae quasi pennae videntur quibus veritatis ad contemplationem hominis attollitur animus* ["a fé e a razão constituem como que as duas asas pelas quais o espírito humano se eleva para a contemplação da verdade"].

O Concílio Vaticano II inculca o respeito pela pessoa humana e insiste que "cada um respeite o próximo como 'outro eu', sem excetuar nenhum, levando em consideração, antes de tudo, sua vida e os meios necessários para mantê-la dignamente" (*Gaudium et Spes*, n. 19). Santo Agostinho, em oração, dirigindo-se a Deus, proclama: *Fecisti nos ad Te, inquietum est cor nostrum donec requiescat in Te* ["Fizestes-nos para Vós e o nosso coração fica inquieto enquanto não repousa em Vós"]. Poderia ser dito que o *Catecismo da Igreja Católica* ecoa essa oração ao afirmar que "o desejo de Deus está inscrito no coração do homem, já que o homem é criado por Deus e para Deus; e Deus não cessa de atrair o homem a si, e somente em Deus o homem há de encontrar a verdade e a felicidade que não cessa de procurar" (n. 27).

A Encíclica *Fides et Ratio*, repetindo os ensinamentos de Santo Tomás de Aquino, "reconhece que a natureza, objeto próprio da filosofia, pode contribuir para a compreensão da revelação divina. Desse modo, a fé não teme a razão, mas solicita-a e confia nela. Como a graça supõe a natureza e leva-a à perfeição, assim também a fé supõe e aperfeiçoa a razão [...]. Embora sublinhando o caráter sobrenatural da fé, o Doutor Angélico não esqueceu o valor da racionabilidade da mesma; antes, conseguiu penetrar profundamente e especificar o sentido de tal racionabilidade. Efetivamente, a fé é de algum modo 'exercitação do pensamento'; a razão do homem não é anulada nem humilhada quando presta assentimento aos conteúdos de fé; é que estes são alcançados por decisão livre e consciente" (cf. *Fides et Ratio*, n. 43).

2.1. Progresso científico e tecnológico a serviço da vida

Após um crescimento lento, progressivo e firme das ciências e tecnologias ao longo dos séculos, mais recentemente houve uma explosão desses conhecimentos, particularmente no que se refere à biomedicina. Uma das consequências foi a eliminação, para sempre, de certas doenças que não são mais motivo de medo e ameaça de morte, como ocorria, por exemplo, com a varíola, a cólera e a poliomielite.

A fase atual da pesquisa básica em biologia molecular e em genética faz esperar, num futuro não muito distante, o remédio para a cura de doenças ainda resistentes a um tratamento eficaz e causa de morte de milhares de pessoas a cada ano, como o câncer e a AIDS.

Apesar desse grande progresso, a grande maioria das pessoas ainda não tem acesso aos benefícios alcançados com as pesquisas científicas. Ademais, é limitado o acesso à assistência médica, medicamentos, alimentação, habitação, água potável, educação e outros recursos indispensáveis para a dignidade humana. Em paralelo ao direito à liberdade de pesquisa, espera-se que haja o direito de usufruir do bem científico alcançado. Por esse motivo, o grande desafio é progredir sem excluir pessoas e povos dos benefícios desses avanços.

Há o justificado temor de que os avanços científicos e tecnológicos possam ser mal administrados e venham a afetar a vida humana e agredir todo o planeta. Diante disso, a troca de experiência entre os profissionais das diversas áreas é fundamental. Nesse empreendimento, cientistas, pesquisadores, filósofos, teólogos, profissionais da saúde e educadores, entre outros, precisam dialogar e construir juntos o caminho que, respeitando a dignidade da pessoa, possa conduzir ao verdadeiro progresso a serviço da humanidade. Na perspectiva acadêmica, essa via é a própria bioética. Na prática social, o surgimento de comitês institucionais e nacionais de bioética é uma evidência disso.

2.2. Limites éticos à pesquisa biomédica

A legitimidade da pesquisa em seres humanos, como já discutido anteriormente, é inquestionável. Todavia, é uma questão de grande importância a que se refere à determinação de sua eticidade e licidade, o que exige, portanto, que sejam determinados os seus limites, ou seja, os balizamentos que permitem que o legítimo exercício da pesquisa científica em seres humanos ocorra em condições tais que sua dignidade seja preservada.

Após a Segunda Guerra Mundial a humanidade viu que, para dominar a natureza e lutar contra toda forma de enfermidade, devia admitir um limite inegociável e subordinar-se a um valor ético primordial: o respeito à pessoa humana e à sua dignidade.

Obviamente o conhecimento científico e tecnológico tem leis próprias que precisam ser observadas. Por outro lado, há um limite intransponível no respeito da pessoa e na proteção do seu direito a viver de modo digno. Da própria dignidade humana nascem alguns direitos fundamentais, tais como o direito à integridade e à inviolabilidade do corpo, à identidade e personalidade individual. Se por um lado eles advêm da própria dignidade humana, por outro lado, se observados, conduzem à mesma dignidade.

Nessa perspectiva, João Paulo II, em discurso dirigido aos participantes de congressos médicos, em 27 de outubro de 1980, afirmou que, "se um novo método, por exemplo, lesa ou corre o risco de lesar os direitos da pessoa, não há de considerar-se lícito só porque aumenta os nossos conhecimentos. A ciência, de fato, não é o valor mais alto, a que todos os outros devam subordinar-se. Mais alto, na escala dos valores, está precisamente o direito pessoal do indivíduo à vida física e espiritual, à sua integridade psíquica e funcional. A pessoa, de fato, é medida e critério de bondade ou de culpa em toda a manifestação humana. O progresso científico, portanto, não pode pretender situar-se numa espécie de terreno neutro. A norma ética, fundada no respeito da dignidade da pessoa, deve iluminar e disciplinar tanto a fase da pesquisa como a da aplicação dos resultados nela conseguidos".

A cultura ocidental não se mostra favorável à vida humana e cada vez menos se preocupa com sua dignidade, o que caracteriza o que se costuma denominar como a cultura da morte, tema extensivamente trabalhado na Encíclica *Evangelium Vitae*, de João Paulo II.

Nesse quadro é fundamental reconhecer a importância da "solidariedade ontológica", ou seja, o fato de que a autorrealização só pode exprimir-se na relação com o outro, na beneficência e não maleficência. No âmbito da investigação biomédica, este princípio exige a não discriminação de pessoas a partir de conceitos de grupos sociais, etários, étnicos, de gênero ou de doenças. É o princípio ético de equidade que exige que os benefícios e os riscos sejam igualmente distribuídos por todos.

2.3. Um caminho urgente: a humanização da medicina

Por humanizar, entende-se tornar mais humano e benévolo, livrar da brutalidade e da aspereza. No contexto específico do presente estudo, significa tratar os pacientes com dignidade, respeitá-los como sujeitos dos direitos intrínsecos à condição de pessoa e senti-los como iguais a si próprios. Numa abrangência maior, o termo humanizar pode abarcar os conceitos de humanismo, humanitarismo e humanização.

O termo "humanização", quando aplicado à medicina, pode ter diversos significados e, ao mesmo tempo, esconder conceitos variados e complementares entre si. De uma parte, há quem entenda essa expressão como a importância da relação intersubjetiva entre o paciente e os profissionais da saúde, diante da invasão da tecnologia ou da massificação do atendimento médico. Por outro lado, há quem o entenda como a introdução dos estudos humanísticos, especialmente da bioética e da psicologia, nos currículos dos cursos da área das ciências da saúde.

Para que o sofrimento humano e as percepções de dor ou de prazer sejam humanizados, é preciso que o significado das palavras e dos gestos que o sujeito utiliza sejam reconhecidos pelo outro. É pela linguagem, a falada ou a que se traduz pelas ações concretas, que se estabelece comunicação de pessoa a pessoa, sem o que ocorre a desumanização recíproca. A humanização, na realidade, depende de ser aquilo que se é e revelar-se reciprocamente de tal modo que haja a partilha do que se conhece, se crê, se espera, se busca e se alcança. A humanização, portanto, envolve um conhecimento e reconhecimento recíproco.

O primeiro passo para atingir uma prática assistencial humanizada envolve perceber a dor e o sofrimento do outro, sem perder de vista a integridade da pessoa, reconhecendo suas várias dimensões: física, social, psíquica, emocional e espiritual. Diante de uma medicina altamente marcada pela tecnologia há o risco de transformar o ser humano em objeto e escravo da evolução científica. Não se pode deixar de lembrar que o pós-modernismo questiona os valores até então absolutos da tecnologia e do saber científico, o que gera incertezas e preocupações, sobretudo éticas.

Um dos riscos que enfrenta o profissional da saúde é o de incorporar o tecnicismo frio que pode substituir e eliminar o contato direto com o paciente. Esses avanços tecnológicos devem ser usados de tal modo que garantam um melhor cuidado do paciente, tomando-se todo cuidado para que não se tornem instrumentos que distanciem o paciente, mas meios de estabelecer uma maior compreensão entre aquele que cuida e o que é cuidado. O progresso tecnológico jamais deverá ser motivo de danos à integridade psicofísica do homem, o qual deve ser protegido em todo ato médico.

Os grandes progressos científicos conseguidos nas últimas décadas na área do diagnóstico das doenças e do tratamento dos pacientes, infelizmente, não foram acompanhados de igual amadurecimento para o adequado uso dessas novas e extraordinárias possibilidades para o bem integral da pessoa enferma.

Como testemunho pessoal, quero apresentar uma experiência que tive recentemente, quando fui chamado por um médico para administrar o Sacramento dos Enfermos ao seu pai que estava na Unidade de Tratamento Intensivo de um hospital. Lá encontrei o paciente ao qual estavam ligados os mais diferentes aparelhos que estavam permitindo mantê-lo vivo por mais algum tempo. Olhando atento para o pai, diante da incerteza entre continuar ou interromper o tratamento já desprovido de qualquer sentido, esse médico me disse: "O homem criou toda esta tecnologia, porém tornou-se difícil saber como usá-la com sabedoria em benefício do paciente".

De fato, a tecnologia não só traz novas possibilidades terapêuticas como também traz muitas perguntas inquietantes. O avanço científico possibilita, cada vez mais, o poder de discernir, controlar, manipular e intervir no mistério da vida do gênero humano e, também, no mistério da vida individual da própria pessoa.

Uma tarefa sempre importante é a de buscar garantir a dignidade a toda pessoa. A deterioração da escala de valores tão presente em nossos dias facilmente faz com que, muitas vezes, o paciente seja desrespeitado e seu valor como pessoa seja desconsiderado. Se, por um lado, essa situação agrava sua doença, ela extrapola o doente e atinge as próprias estruturas dos serviços de atendimento à saúde.

Alguns aspectos positivos decorrentes do avanço médico devem ser ressaltados. Como exemplo pode ser tomado o avanço do conhecimento dos processos causadores da dor e o desenvolvimento de tratamentos eficientes de analgesia. O reconhecimento da importância do controle da dor, tantas vezes negligenciado no passado, adquiriu grande relevância na atualidade. No plano internacional, a dor vem sendo considerada como sinal vital, ao lado dos tradicionais sinais medidos, como temperatura, pressão arterial, frequência cardíaca e respiratória. O bem-estar do paciente, independentemente da possibilidade de cura, tornou-se um dos objetivos explícitos da medicina, particularmente dos chamados cuidados paliativos. Entre outros, este configura-se como um dos aspectos positivos identificados em nosso país, pois várias têm sido as iniciativas governamentais e não governamentais desenvolvidas com o objetivo de tornar a prática médica mais humana.

O Brasil, devido a uma portaria do Ministério da Saúde em 1997, foi o primeiro país a instituir um Programa Nacional para o Alívio da Dor. Um dos objetivos deste programa é desenvolver recursos humanos necessários para uma melhor assistência primária, secundária e terciária ao paciente com dor ou que necessite de cuidados paliativos.

Uma iniciativa no âmbito de Políticas Públicas é a proposta de Humanização no Programa de Saúde da Família, implantada pelo Ministério da Saúde, em 1994. Nesta direção, destaca-se também o Programa Nacional de Humanização dos Serviços de Saúde, lançado em 24 de maio de 2000, que tem como proposta reduzir as dificuldades encontradas durante o tratamento, favorecer a recuperação da comunicação entre a equipe de profissionais da saúde e o usuário, incluindo a família, diante do momento de fragilidade emocional do paciente. Outro projeto é o Programa de Humanização no Pré-Natal e Nascimento (Portaria n. 569/GM, 1/6/2000), cujo objetivo é assegurar a melhoria do acesso, da cobertura e da qualidade do acompanhamento pré-natal, da assistência ao parto e ao puerpério. O enfoque na humanização compreende a atenção integral voltada para o indivíduo e a família, por meio de ações de equipes multidisciplinares desenvolvidas nos âmbitos da unidade de saúde, do domicílio e na própria comunidade.

É necessário redescobrir o profundo valor de acompanhar o ser humano, pois somente isso poderá fazer da prática médica lugar de responsabilidade e serviço, embora seja difícil para os que já estão amadurecidos no seu próprio quadro antropológico de referência, com os quais é possível somente um respeitoso diálogo de confronto. Especial atenção deveria ser dada aos jovens universitários, particularmente aos alunos dos cursos da área das ciências da saúde, com o objetivo de dar a correta e justa visão do homem e das próprias responsabilidades no que diz respeito aos outros. Deve-se, também, ajudar esses jovens a compreenderem o valor da metodologia das ciências humanas como guia dos comportamentos, bem como o dever de coerência e de fidelidade.

Por essa razão, é necessário que os profissionais da saúde desenvolvam uma visão unitária do paciente, que permita estabelecer com ele uma relação que não rompa o laço entre a esfera psicoafetiva e o seu corpo que sofre. A relação paciente-médico deve basear-se num diálogo construído na escuta, respeito e interesse, sendo, assim, um autêntico encontro entre dois homens livres, entre uma "confiança" e uma "consciência". Isso significa que toda medicina deve gravitar em torno do doente como sujeito digno de máxima atenção.

Enfim, a medicina deve estar a serviço do doente, e não o contrário. Nenhuma ciência poderá estar ausente ao mundo dos valores humanos. Humanizar a ciência pela atitude dos investigadores será, com certeza, a melhor via para estabelecer o diálogo com a tecnologia. Humanizar a medicina significa torná-la benevolente e provida de grande senso de respeito pela pessoa do paciente.

2.4. Princípio da precaução

O verbo "precaver" tem sua raiz no latim, *prae* = "antes" e *cavere* = "tomar cuidado". Etimologicamente, significa que é preciso atenção, cuidado, prudência, cautela antes de uma ação para que o seu resultado não seja o indesejado.

O princípio da precaução nasce no âmbito dos debates sobre o princípio da cooperação e do poluidor-pagador no contexto de uma política ambiental preventiva de proteção das reservas naturais. É aplicado também, há muitos anos, no mundo sanitário para a proteção da saúde (nos confrontos da atividade humana).

A Alemanha foi, no início da década de 1970, a primeira nação a adotar o *Vorsorgeprinzip*, que significa "princípio de preocupar-se antes". A Declaração de Wingspread foi formulada em uma reunião realizada em janeiro de 1998, em Wingspread, sede da *Johnson Foun-*

dation, em Racine, estado de Wisconsin, com a participação de cientistas, advogados, legisladores e ambientalistas.

O artigo escrito pela Rede de Ciência e Saúde Ambiental (*The Science and Environmental Health Network*), em 2001, intitulado *Princípio da precaução — uma maneira sensata de proteger a saúde pública e o meio ambiente*, traduzido para a Fundação Gaia por Lucia A. Melim, em 1998, traça os fundamentos desse princípio. A Declaração de Wingspread resumiu o princípio da precaução com as seguintes palavras: "Quando uma atividade representa ameaças de danos ao meio ambiente ou à saúde humana, medidas de precaução devem ser tomadas, mesmo se algumas relações de causa e efeito não forem plenamente estabelecidas cientificamente".[6]

A Declaração destaca que dentre os principais elementos que fundamentam este princípio estão a precaução diante de incertezas científicas, a exploração de alternativas a ações potencialmente prejudiciais, a transferência do "ônus da prova" aos proponentes de uma atividade e não às vítimas em potencial daquela atividade e o uso de processos democráticos na adesão e observação do princípio — inclusive o direito público ao consentimento informado.

O princípio da precaução foi reconhecido por diversos textos internacionais, de valor jurídico inegável. Todavia, na Conferência Rio 92, sobre a Diversidade Biológica, Meio Ambiente e Desenvolvimento, com representantes de mais de 170 delegações estrangeiras e mais de 3 mil participantes, entre técnicos, cientistas e jornalistas, deu-se a consagração pública do princípio da precaução, que, no Princípio 15, declara:

> Para que o ambiente seja protegido, serão aplicadas pelos Estados, de acordo com as suas capacidades, medidas preventivas. Onde existam ameaças de riscos sérios ou irreversíveis não será utilizada a falta de

---

[6] Cf. The Science and Environmental Health Network. *Princípio da Precaução*, texto traduzido por Lucia A. Melim, em <http://free.freespeech.org/transgenicos/transgenicos/sociedade/txts/preca ucao.htm> (Acesso em: 14/6/2010).

certeza científica total como razão para o adiamento de medidas eficazes, em termos de custo, para evitar a degradação ambiental.

Dentre os principais elementos do Princípio se destacam a precaução diante de incertezas científicas; a exploração de alternativas a ações potencialmente prejudiciais; a transferência do "ônus da prova" aos proponentes de uma atividade e não às vítimas ou vítimas em potencial daquela atividade; o uso de processos democráticos na adesão e observação do princípio, inclusive o direito público ao consentimento informado (*informed consent*).

Os professores Kourilsky e Viney, na obra *Le príncipe de précaution* (2000), lecionam que o princípio da precaução deve orientar qualquer pessoa que tome decisões concernentes a atividades que comportam um dano grave para a saúde ou para a segurança das presentes ou futuras gerações, ou para o meio ambiente. A responsabilidade na aplicação desse princípio compete, em primeiro lugar, aos poderes públicos, que devem fazer prevalecer os imperativos de saúde e segurança sobre a liberdade ao livre-comércio entre particulares e entre Estados. Kourilsky e Viney explicam também que o princípio da precaução exige que se observem todas as disposições que permitem, a um custo econômica e socialmente suportável, detectar e avaliar o risco, reduzi-lo a um nível aceitável, eliminá-lo. Além disso, conforme o princípio da precaução, devem-se informar as pessoas envolvidas, recolhendo suas sugestões sobre as medidas visadas para tratar o risco. O dispositivo da precaução deve ser proporcional à amplitude do risco e pode ser, a qualquer momento, revisado.

No Brasil, o princípio da precaução, afirmado com a Lei n. 6.938/81, de Política Nacional do Meio Ambiente, estabeleceu nos seus objetivos que a política nacional do meio ambiente, no Art. 4º, inciso I, visará "à compatibilização do desenvolvimento econômico social com a preservação da qualidade do meio ambiente e do equilíbrio ecológico" e, no inciso V, visará "à preservação e restauração dos recursos ambientais com vistas à sua utilização racional e disponibilidade permanente, concorrendo para a manutenção do equilíbrio ecológico propício à vida".

A Constituição Federal de 1988, no Art. 225, declara que "todos têm direito ao meio ambiente ecologicamente equilibrado, bem de uso comum do povo e essencial à sadia qualidade de vida, impondo--se ao Poder Público e à coletividade o dever de defendê-lo e preservá-lo para as gerações presentes e futuras". No inciso IV, deve-se "exigir, na forma da lei, para instalação de obra ou atividade potencialmente causadora de significativa degradação do meio ambiente, estudo prévio de impacto ambiental, a que se dará publicidade". Não de forma explícita, o inciso V deixa uma abertura para uma interpretação do princípio da precaução, quando diz que se deve "controlar a produção, a comercialização e o emprego de técnicas, métodos e substâncias que comportem risco para a vida, a qualidade de vida e o meio ambiente" e, da mesma forma, no inciso VII, quando diz que se deve "proteger a fauna e a flora, [e que são] vedadas, na forma da lei, as práticas que coloquem em risco sua função ecológica, provoquem a extinção de espécies ou submetam os animais a crueldade". Os projetos de pesquisas em seres humanos são orientados em seus aspectos éticos pelas Diretrizes e Normas Regulamentadoras de Pesquisas em Seres Humanos, Resolução n. 196/96. As diretrizes dizem que toda pesquisa envolvendo seres humanos deve preocupar-se com os riscos e a possibilidade de danos à dimensão física, psíquica, moral, intelectual, social, cultural ou espiritual do ser humano, em qualquer fase de uma pesquisa e dela decorrente.

Segundo esse princípio, o público deve ser sempre informado, pois à sociedade não podem faltar as informações em relação à manipulação genética e seus efeitos. Infelizmente, nem sempre os meios de comunicação social veiculam informações adequadas a respeito da biotecnologia moderna, e o público em geral acaba acreditando. Então, a responsabilidade de passar ao público as informações verdadeiras compete ao governo, à comunidade científica e às organizações não governamentais.

O compromisso de fornecer informação verdadeira, qualificada e não fragmentada, deve ser assumido como fundamental para que a sociedade tenha a competência de tomar decisões não condicionadas. Avançar nas pesquisas biomédicas e tecnológicas é preciso. Entretanto, a pergunta é: até quando avançar sem violentar o homem, a natureza e outro tipo de efeito diverso? Por isso, o princípio da precaução é um instrumento essencial a ser observado nos processos que envolvem sujeitos humanos ou causa impacto ambiental para evitar danos irreversíveis para o presente e para o futuro das gerações. Não é correto ver o princípio da precaução como uma proibição e/ou um instrumento para frear o progresso tecnológico e científico, mas com o objetivo de gerenciar o comportamento humano diante das incertezas científicas.

A ciência deve seguir seu caminho e não é preciso banir a pesquisa, mas direcioná-la sempre para o bem de toda a sociedade. A segurança absoluta é impossível de alcançar no mundo real, porém toda pesquisa tem a obrigação de avaliar as possibilidades de danos incertos ou prováveis e de risco potencial antes de colocar em prática um projeto. E a decisão de colocar em prática um projeto deve basear-se nos mais recentes conhecimentos, na literatura científica e nos dados mais completos, exatos e seguros.

A questão dos avanços da tecnologia é um ótimo exemplo para a aplicação do princípio da precaução, muito atual, porém pouco discutido no âmbito tão necessário da bioética.

2.5. Responsabilidade ética pela vida humana

O termo responsabilidade, do latim *responsabilitate*, do inglês *responsibility*, do francês *responsabilité*, do italiano *responsabilità*, evoca um conceito ético. É qualidade de quem é responsável. Obrigação de responder pelos próprios atos e reparar o mal causado a outros.

A ciência biológica e o mundo sanitário têm assistido um avanço científico e tecnológico, especialmente nas três últimas décadas, como em nenhum outro momento da história. São realidades no âmbito da biomedicina que há até pouco tempo faziam parte apenas do mundo da ficção. Hoje, a intervenção médica, como transplante de fígado, para citar um exemplo, que até o final da década de 1990 era muito complicado, teve muitos avanços. Os novos imunossupressores ajudaram a melhorar o controle da rejeição do órgão pelo corpo. Eles também têm baixa dosagem e os efeitos colaterais diminuíram.

Assim, todos os dias a humanidade se depara com anúncios de descobertas de novas terapias, de métodos e técnicas científicas, as novas possibilidades de intervenção com meios bioquímicos no comportamento humano, os novos fármacos.

Como lidar com tudo isso? As drogas têm criado um relacionamento humano impessoal e, às vezes, irresponsável. Atuar no campo da genética é a mais nova ambição do homem que, seguramente, precisa de uma atenção particular. É preciso saber conjugar avanço técnico-cientifico e humanização para uma permanência harmoniosa do homem no planeta e, particularmente, das gerações futuras.

Os participantes da Conferência Mundial sobre a "Ciência para o Século XXI: Um Novo Compromisso", reunida em Budapeste, Hungria, de 26 de junho a 1º de julho de 1999, sob a égide da Unesco e do Conselho Internacional para a Ciência (ICSU), aprovaram a Declaração *Sobre a ciência e a utilização do conhecimento científico.*

No Art. 67, a Declaração afirma que a prática da investigação científica e a utilização do conhecimento científico devem visar sempre ao bem-estar da humanidade, respeitar a dignidade dos seres humanos e os seus direitos fundamentais, e ter plenamente em atenção as nossas responsabilidades conjuntas para com as gerações futuras. Afirma a declaração que os "governos, organizações internacionais e instituições de pesquisa devem promover a pesquisa interdisciplinar que tenha por objetivo específico identificar, entender e resolver problemas humanos ou sociais urgentes, de acordo com as prioridades de cada país".

O avanço científico tem possibilitado significativa melhora da vida humana, renovando muitas esperanças. Contudo, tem levantado questões éticas que exigem uma análise aprofundada desse desenvolvimento com a finalidade de buscar um equilíbrio para uma presença saudável do homem no planeta. Torna-se ameaçador o desenvolvimento que não respeita o valor e a dignidade do *homo sapiens* (homem pensante).

A ética da responsabilidade faz referência a Hans Jonas (1903-1993), filósofo alemão de origem judaica, o mais conhecido dos críticos da expansão da tecnologia e um dos autores que muito se esforçou na pesquisa da macroética da humanidade. Hans Jonas, que acompanhou os grandes avanços da engenharia genética, alerta para os riscos de ousadas ações da ciência ao pretender manipular os segredos da vida, como num jogo de azar. No seu livro *O princípio de responsabilidade* (1979), ele propõe a edificação de uma nova ética para responder aos desafios da civilização tecnológica. Na sua avaliação, as questões éticas levantadas com o progresso científico e tecnológico trazem consequências terríveis e irreversíveis para a natureza. Segundo Jonas, cada um deveria sentir-se responsável pelo próprio comportamento, e as gerações atuais deveriam prever as possíveis consequências negativas das próprias ações.

Nesse sentido, o final do século XX e início do século XXI têm sido caracterizados pelo grande avanço da biomedicina e, ao mesmo tempo, pelo surgimento de situações de conflitos em muitos campos da atividade humana, como a do médico, por exemplo, trazendo grandes preocupações com a crescente incorporação de novas tecnologias que repercutem seriamente de forma negativa sobre o humanismo da medicina (que vê o paciente como um todo) hipocrática.[7]

---

[7] Hipócrates, o pai da medicina, foi o maior médico da Grécia Antiga e, possivelmente, de toda a medicina ocidental, o médico mais famoso da época, gozando do prestígio de ser considerado o fundador da importante escola de Cós. Segundo a tradição, Hipócrates deu à medicina o impulso rumo ao diagnóstico, prognóstico e tratamento com bases científicas. Estabeleceu, além disso, um conjunto de normas de conduta para os

Em linhas gerais, para o sociólogo professor Paulo Henrique Martins, da Universidade Federal de Pernambuco, em seu livro *Contra a desumanização da medicina; crítica sociológica das práticas médicas modernas*, a medicina que na sua origem era uma rica arte de relacionamento intersubjetiva, aos poucos foi se distanciando das suas raízes hipocráticas. Para o autor, historicamente a desumanização da medicina se dá a partir da aliança entre cientistas e homens de negócio, baseando esse processo em um projeto utilitarista, entre os séculos XVIII e XIX.

A questão da desumanização da medicina exige um novo paradigma que repense a saúde, que trabalhe questões que envolvam saúde e ecologia, e a relação da medicina com as outras ciências humanas.

---

médicos que fundamentam até hoje a ética médica. Sua importância foi tão grande que a história da medicina atual, a rigor, começa com ele.

III
Diretrizes éticas que regulamentam a pesquisa biomédica em seres humanos

Apesar da existência de códigos antigos para orientar a atividade do homem na área da saúde, como o *Juramento Hipocrático*, somente há pouco mais de sessenta anos o ser humano elaborou o primeiro documento específico sobre a ética na pesquisa em seres humanos, o conhecido Código de Nuremberg (1947). Aconteceu logo após a Segunda Guerra Mundial, quando os países aliados resolveram formar um Tribunal Internacional com a finalidade de julgar os crimes cometidos contra a humanidade e os crimes de guerra, o qual ficou conhecido como o Tribunal de Nuremberg.

Nos anos sucessivos à Segunda Guerra Mundial, com o avanço da atividade científica, especialmente na área da biomedicina, tornou-se evidente que era necessário elaborar novos documentos, internacionais e nacionais, para a sua regulamentação. Dessa forma, foram elaborados novos códigos, declarações ou normas com a finalidade de regulamentar a pesquisa biomédica em seres humanos.

O intento agora é examinar alguns documentos mais relevantes internacional e nacionalmente sobre aspectos éticos que orientam a pesquisa biomédica em seres humanos.

3.1. Código de Nuremberg — 1947

O Código de Nuremberg, promulgado em 1947, é o primeiro documento internacional no campo da pesquisa biomédica, na perspectiva humanitária, como consequência do julgamento de médicos que tinham realizado experiências desumanas em prisioneiros, sem o seu consentimento informado, durante a Segunda Guerra Mundial. O Código, que foi elaborado para proteger a integridade de participantes de pesquisas, estabelece condições para a condução de pesquisas em seres humanos, enfatizando o consentimento voluntário do sujeito participante.

Procura-se considerar, no Código de Nuremberg, os valores éticos que devem guiar qualquer tipo de pesquisa científica que envolva seres humanos. Um dos aspectos mais salientes desse Código é a materialização das ideias de proteção aos seres humanos envolvidos em pesquisas biomédicas e a afirmação do respeito à autonomia da pessoa humana, tornando-se obrigatório o seu consentimento para participar como sujeito de pesquisa. O consentimento voluntário do ser humano é absolutamente essencial.

A pesquisa biomédica deve evitar sofrimento e danos desnecessários, físico e materiais, ao participante da pesquisa. O grau de risco aceitável deve ser limitado pela importância do problema que o pesquisador se propõe a resolver.

Ninguém poderá ser forçado e coagido a participar de pesquisa. Dessa maneira, o Código de Nuremberg declara que o participante da pesquisa deve ter a liberdade de se retirar no decorrer da pesquisa. Os princípios assumidos em Nuremberg procura evitar que sejam repetidos crimes cometidos pela máquina hitlerista, que é preciso defender a paz como o mais alto ideal e a necessidade maior para o desenvolvimento da civilização do amor e da esperança.

3.2. Código Internacional de Ética Médica — 1949

O Código Internacional de Ética Médica, ao tratar dos deveres do médico em geral, reza que são consideradas como falta de ética, por exemplo, a propaganda de sua pessoa, exceto aquela, devidamente autorizada, pelo Código Nacional de Ética Médica; colaborar em qualquer forma de serviços médicos, nos quais não tenha independência profissional; receber qualquer pagamento relacionado com serviços prestados a um paciente, além de sua remuneração profissional, mesmo com o seu consentimento.

O princípio da precaução é apontado pelo Código Internacional de Ética Médica como importante no exercício da profissão médica. Indica também que ao médico é aconselhável usar de precaução ao divulgar descobertas e novas técnicas de tratamento.

O Código também manifesta preocupação com a pessoa humana e diz que, em relação aos deveres para com os doentes, o médico deve ter sempre o cuidado de conservar a vida humana e observar os princípios da Declaração de Genebra, aprovada pela Associação Médica Mundial, em 1948.

3.3. Relatório de Belmont — 1978

Os experimentos de *Tuskegee*, nos USA, quando vazaram à imprensa, causaram certa indignação que passou a tomar conta da sociedade. Com os fatos que vinham a público, iniciou-se uma discussão mais forte sobre a necessidade de um controle social das pesquisas envolvendo seres humanos.

Os fatos concretos mais pertinentes que levaram a essa mobilização da opinião pública foram: em 1963, no Hospital Israelita de doenças crônicas de Nova York, foram injetadas células cancerosas vivas em idosos doentes; entre 1950 e 1970, no hospital estatal de Willowbrook (NY), injetaram hepatite viral em crianças retardadas mentais; desde os anos 1940, mas descoberto apenas em 1972, no caso de *Tuskegee study* no estado do Alabama, foram deixados sem tratamento 399 negros sifilíticos para pesquisar a história natural da doença. A pesquisa continuou até 1972, apesar da descoberta da penicilina em 1945, que havia sido convertida no tratamento de eleição para sífilis. O governo americano pagou mais de U$ 10 milhões em indenizações para mais de 6 mil pessoas, mas não se desculpou. Somente em 1997, o então presidente Bill Clinton pediu desculpas públicas formais aos 6 sobreviventes que compareceram à cerimônia na Casa Branca e às famílias dos demais.

Concluindo que a sociedade não podia mais permitir que o equilíbrio entre os direitos individuais e o progresso científico fosse determinado unicamente pela comunidade científica, em 1974, o governo norte-americano, através do congresso, instituiu uma Comissão Nacional, composta de 12 membros, com o objetivo de proteger as pessoas submetidas à pesquisa biomédica e comportamental, e de identificar os princípios básicos que deveriam regulamentar esses tipos de pesquisa.

A Comissão recebeu o nome de *National Commission for the Protection of Human Subjects of Biomedical and Behavioral Research* e serviu-se de documentos já disponíveis, como o Código de Nuremberg (1947) e a Declaração de Helsinki (1964), preparando, porém, um relatório de mais fácil operação que passou a ser conhecido como *Belmont Report* (Relatório de Belmont),[8] publicado em 1978. Atualmente existe o escritório de Proteção na Investigação Humana (*Office for Human Research Protections*, OHRP) dentro do HSS (*Department of Health & Human Services*), espécie de Ministério da Saúde dos Estados Unidos.

---

[8] O nome de *Relatório Belmont* deve-se ao fato de ter acontecido na convenção de Belmont, que fica em Elkridge, no Estado de Mariland. A Comissão Nacional para a Proteção dos Sujeitos Humanos da Pesquisa Biomédica e Comportamental (EUA) foi criada quando o *National Research Act* transformou-se em lei, em 12 de julho de 1974. Uma de suas tarefas foi a de identificar os princípios éticos básicos que deveriam nortear a pesquisa envolvendo sujeitos humanos e desenvolver diretrizes para assegurar que a pesquisa seja conduzida de acordo com tais princípios. Desde quando as primeiras diretrizes federais para a pesquisa em humanos aplicáveis a todos os programas sob os auspícios do então Departamento de Saúde, Educação e Bem-Estar foram aprovadas, em 1971, a missão da Comissão Nacional é, em parte, identificar e articular princípios teóricos que embasem as diretrizes já existentes. Após quase quatro anos de trabalho, a comissão publicou seus resultados com "Belmont Report".

O Relatório de Belmont estabeleceu uma clara distinção entre, de um lado, a trajetória seguida pela ética em pesquisa nos Estados Unidos para proteger o sujeito humano e, do outro, as atrocidades de uma ciência sem princípios básicos que ajudam a superar problemas éticos ligados à pesquisa envolvendo seres humanos.[9] Esses princípios éticos são os que sustentam ou pelo menos deveriam sustentar pesquisas na área da biomedicina e quaisquer outros procedimentos que envolvam sujeitos humanos.

As questões éticas relacionadas às pesquisas que envolvem seres humanos apoiam-se em três princípios básicos considerados fundamentais em todas as regulamentações e diretrizes que norteiam a condução ética de pesquisas. Estes princípios são: respeito pelas pessoas, beneficência e justiça. Estes princípios são considerados universais, transcendendo barreiras geográficas, culturais, econômicas, legais e políticas.

A necessidade também de tutelar a autonomia e a dignidade das pessoas nos confrontos com as exigências da ciência tornou-se objeto de discussão e de apreensão na opinião pública americana e mundial quando, no início da década de 1970, sobretudo, começaram a aparecer notícias alarmantes de experimentação feitas sobre sujeitos humanos como "cobaia".

---

[9] *The expression "basic ethical principles" refers to those general judgments that serve as a basic justification for the many particular ethical prescriptions and evaluations of human actions. Three basic principles, among those generally accepted in our cultural tradition, are particularly relevant to the ethics of research involving human subjects: the principles of respect for persons, beneficence and justice.* ["A expressão 'princípios éticos básicos' refere-se a dois daqueles julgamentos gerais que servem como uma justificação básica para muitas prescrições e avaliações éticas particulares de ações humanas. Três princípios básicos, entre aqueles aceitos geralmente em nossa tradição cultural, seja particularmente relevante ao ético da pesquisa que envolve seres humanos: os princípios do respeito para com as pessoas, beneficência e justiça"]. (Cf. BELMONT REPORT: Ethical Principles and Guidelines for the Protection of Human Subjects of Research, Report of the National Commission for the Protection of Human Subjects of Biomedical and Behavioral Research).

O princípio de *respeito pelas pessoas* significa reconhecer a capacidade e os direitos de todos os indivíduos de fazerem suas próprias escolhas e tomarem suas próprias decisões. Este princípio está relacionado ao respeito pela autonomia individual e à autodeterminação que todo ser humano possui, reconhecendo sua dignidade e liberdade. Este princípio exige reconhecer que as pessoas se autogovernem e sejam autônomas na escolha de seus atos. Limita, portanto, a intromissão de outros indivíduos no mundo da pessoa em tratamento.

O *princípio da beneficência* torna o pesquisador responsável pelo bem-estar físico, mental e social do participante, no que está relacionado ao estudo. Requer que sejam atendidos os interesses importantes e legítimos dos indivíduos e que, na medida do possível, sejam evitados danos. A tradição hipocrática jura: "Usarei o tratamento para o bem dos enfermos, segundo minha capacidade e juízo, mas nunca para fazer o mal e a injustiça". O princípio da beneficência constitui a diretriz básica da prática médica, psicológica, odontológica e da enfermagem, entre outras, que lidam com o ser humano. Por isso, o princípio de não maleficência exige que não se cause dano intencionalmente ao sujeito = *primum non nocere* (acima de tudo, ou antes de tudo, não causar dano). A beneficência também está vinculada ao princípio da não maleficência.

Beneficência e não maleficência são dois princípios que podem pautar a conduta do profissional da saúde e ajudá-lo em situações de conflito. Contudo, nenhum dos dois princípios tem caráter absoluto. A aplicação eticamente correta dos princípios de beneficência e da não maleficência é o resultado do exercício da *prudentia* ("prudência"), que deveria acompanhar sempre toda atividade e decisão do profissional da saúde.

O princípio da beneficência numa sociedade em vias de desenvolvimento será, provavelmente, o princípio que vai orientar as atividades e decisões do profissional da saúde como cidadão ciente do seu papel e da sua realização pessoal e social. Os riscos para uma pessoa que participa de uma pesquisa específica devem ser avaliados em contraposição aos potenciais benefícios para a mesma. Outro aspecto diz respeito à importância do conhecimento que poderá ser gerado pela realização da pesquisa.

A proteção do bem-estar do participante deve ser considerada como responsabilidade primordial do pesquisador. Proteger o participante é mais importante do que a busca de novos conhecimentos, o benefício para a ciência que será resultante da pesquisa e o interesse pessoal ou profissional.

O *princípio de justiça* exige equidade na distribuição de bens e benefícios no que se refere ao exercício da medicina ou área da saúde. Uma pessoa é vítima de uma injustiça quando lhe é negado um bem ao qual tem direito e que, portanto, lhe é devido. Assim, justiça refere-se ao dever ético de tratar cada pessoa de acordo com o que é eticamente certo e adequado, dando a cada pessoa o que lhe é devido.

No Brasil, a Constituição Federal de 1988 adotou a orientação do direito de todos os cidadãos à saúde, fundamentando no princípio da justiça distributiva equitativa que vinha sendo defendido há algumas décadas por importante parcela dos agentes da área da saúde. O Art. 196 estabelece que "a saúde é direito de todos e dever do Estado, garantido mediante políticas sociais e econômicas que visem à redução do risco de doença e de outros agravos e ao acesso universal e igualitário às ações e serviços para sua promoção, proteção e recuperação".

O médico e "bioeticista" espanhol Diego Gracia, que foi diretor do primeiro programa de mestrado em Bioética da Europa, na Universidade Complutense de Madri, considera que deve ser reformulada a máxima: "A cada pessoa conforme suas necessidades" para "a cada pessoa conforme suas necessidades até o limite que permitam os bens disponíveis", pois as sociedades contemporâneas não possuem recursos para o atendimento de todas as necessidades pessoais.

Certo é que o pesquisador tem por obrigação distribuir igualmente riscos e benefícios no que diz respeito à participação na pesquisa. O recrutamento e a seleção dos participantes da pesquisa devem ser feitos de maneira equitativa. O princípio de justiça proíbe que determinado grupo de pessoas seja colocado em risco para que outras possam se beneficiar. Por exemplo, o princípio da justiça não permite a utilização de grupos vulneráveis — entre eles crianças, pessoas com baixa escolaridade, pobres ou que têm acesso limitado a serviços de saúde, prisioneiros — como participantes de pesquisas com o objetivo de beneficiar grupos mais privilegiados.

Esses princípios éticos sustentam (ou deveriam sustentar) as pesquisas na área da biomedicina e quaisquer outros procedimentos que envolvam pessoas humanas. Dessa forma, com o Relatório de Belmont as questões éticas não são mais analisadas a partir da letra dos códigos e juramentos, mas a partir desses três princípios com os procedimentos práticos deles consequentes.[10]

A responsabilidade dos profissionais da saúde é manter uma conduta em relação à vida humana que seja capaz de levar em consideração os princípios fundamentais que norteiam a sua missão. Sabendo disso, Aristóteles (384-322 a.C.) dedicou uma parte do seu livro *Ética a Nicômaco* ao tratado da virtude que, segundo ele, é uma espécie de ética que deve guiar conscientemente o agir do homem individual e coletivamente. Segundo Aristóteles, é a virtude que dispõe a razão prática a discernir em todas as circunstâncias o verdadeiro bem e a eleger os meios retos para realizá-lo. A *prudentia* é

---

[10] Mesmo com os três princípios básicos declarados em Belmont: respeito pelas pessoas, beneficência e justiça, ainda persistia a necessidade de criar uma abordagem ética para ser utilizada na prática clínico-assistencial. Assim, baseada na obra de David Ross, *The right and the good*, de 1930, surgiu em 1979 a publicação *Principles of biomedical ethics*, de Beauchamp e Childress. Definia quatro princípios: respeito pelas pessoas, beneficência, não maleficência e justiça. Esta obra fundamentou a bioética principialista, colocando os princípios como obrigatórios e equânimes, no mesmo nível.

considerada a mãe (*genitrix virtutum*) e a guia (*auriga virtutum*) das virtudes.

3.4. Declaração de Helsinki VII — 2008

Na Declaração de Helsinki VII, o princípio fundamental é o respeito ao indivíduo (Art. 9º), o seu direito à autodeterminação e o direito de tomar decisões informadas (Art. 11). O bem-estar do indivíduo deve sempre prevalecer sobre os interesses da ciência e da sociedade (Art. 6º), e as considerações de ordem ética devem sempre prevalecer sobre as leis e regulamentos (Art. 9º).

O reconhecimento da maior vulnerabilidade de determinados indivíduos e grupos exige vigilância especial (Arts. 5º e 17), e é reconhecido que, quando o participante da pesquisa é física ou mentalmente incapaz de dar consentimento, por exemplo, um paciente inconsciente (Art. 29), deve ser considerado o consentimento substituto por um indivíduo agindo no melhor interesse do sujeito.

A investigação deve ser fundamentada em conhecimento científico (Art. 12), uma avaliação cuidadosa dos riscos e benefícios (Art. 18), e uma probabilidade razoável de benefícios para a população estudada (Art. 14). Deve ser conduzida por pesquisadores adequadamente preparados (Art. 16), utilizando protocolos aprovados, sujeitos a revisão ética independente e fiscalização por uma comissão devidamente convocada (Art. 29). O protocolo deve abordar questões éticas e indicar se está em conformidade com a declaração (Art. 14).

Os estudos deverão ser interrompidos se as informações disponíveis indicarem que as considerações originais já não são cumpridas (Art. 20), e informações sobre o estudo devem estar disponíveis ao público (Art. 30). Os interesses do paciente, após a conclusão do estudo, deverão fazer parte da avaliação geral de ética, inclusive garantindo o seu acesso ao melhor tratamento comprovado (Art. 33). Sempre que possível, métodos não comprovados devem ser testados no contexto de pesquisa onde há possibilidade razoável de benefício (Art. 35).

As Constituições modernas, mesmo nos países que não se orientam por uma Carta Magna, estabelecem normas para a condução de pesquisas médicas em seres humanos, necessárias para livrar as pessoas de enfermidades, para aliviar a dor ou para reduzir o sofrimento. Contudo, para evitar abusos, a Associação Médica Mundial, na Declaração de Helsinki, estabeleceu princípios básicos que orientam toda pesquisa médica em seres humanos.

A Declaração exerceu papel fundamental na formação de Comitês de Ética para estudo, consideração e orientação de protocolos de pesquisas. Em nossos dias, as publicações científicas ganham importância somente quando os resultados obtidos em experimentação obedeceram ao protocolo da pesquisa do ponto de vista ético.

3.5. Diretrizes Éticas Internacionais para a Pesquisa Biomédica em Seres Humanos — CIOMS/OMS — 2002

As Diretrizes Éticas Internacionais para a Pesquisa Biomédica em Seres Humanos, do Conselho de Organizações Internacionais de Ciências Médicas (CIOMS/OMS), são as normas mais conhecidas, mas não as únicas, que tentam regular a atividade científica, especialmente no âmbito da biomedicina.

As normas do Conselho de Organizações Internacionais de Ciências Médicas (CIOMS/OMS) refletem a preocupação ética fundamental com a vigilância em proteger os direitos e o bem-estar de participantes de pesquisas e de indivíduos ou grupos vulneráveis, considerados como possíveis participantes. Como as diretrizes originais (1982), as diretrizes revistas foram preparadas para serem usadas, particularmente, em países em desenvolvimento, na definição de políticas nacionais sobre a ética da pesquisa biomédica, aplicando padrões éticos em circunstâncias locais e estabelecendo ou redefinindo mecanismos adequados para a revisão ética de pesquisas em seres humanos.[11]

Certas áreas de pesquisa, incluindo a pesquisa genética humana com embriões e tecidos fetais, não receberam atenção especial nessas diretrizes. São áreas em rápida evolução e, sob vários aspectos, controvertidas. O comitê diretor considerou que, como não há um acordo universal sobre todas as questões éticas levantadas por elas, seria prematuro tentar abrangê-las nas atuais diretrizes.

A mera formulação de diretrizes éticas para pesquisas biomédicas em seres humanos dificilmente resolverá todas as dúvidas morais que possam surgir em associação a elas. Entretanto, as diretrizes podem, pelo menos, chamar a atenção de investigadores, patrocinadores e comitês de revisão ética quanto à necessidade de considerar cuidadosamente as implicações éticas de protocolos e da condução de pesquisas, e assim levar a altos padrões éticos e científicos de pesquisa.

Destacam-se aqui os três princípios éticos gerais das Diretrizes Internacionais para pesquisas biomédicas em seres humanos, a saber, o respeito pelas pessoas, a beneficência e a justiça ou equidade, que devem ser a luz que orienta a preparação de protocolos de pesquisas.

O respeito pelas pessoas inclui, pelos menos, duas considerações éticas fundamentais: o respeito à autonomia implica que todo ser humano adulto e capaz de deliberar tem o direito de decidir sobre o que será feito com o seu corpo; caso suas decisões não venham a ser respeitadas, fica caracterizada uma agressão, e a pessoa responsável deve responder pelas consequências. Será uma ação autônoma quando esta for capaz de respeitar as pessoas que não estão em condições

---

[11] Council for International Organizations of Medical Sciences (CIOMS), em Colaboração com a Organização Mundial da Saúde (OMS), Genebra 1993. O CIOMS é uma organização internacional não governamental, criada em 1949, ligada à OMS e à Unesco; inclui membros de 48 organizações internacionais e 18 membros nacionais, representando principalmente academias de ciências e conselhos de pesquisa médica.

de compreender a natureza da intervenção e prever as suas consequências.

Vale, ainda, sublinhar que uma ação será autônoma quando for isenta de qualquer controle externo — coação, manipulação e persuasão. O sujeito pesquisador deverá evitar tais meios para que o consenso seja, de fato, livre e consciente. Caracteriza-se como pessoa autônoma a que tem a liberdade de escolher, por si própria, o itinerário de suas ações, conforme o programa por ela mesma escolhido.

A *beneficência* se refere à obrigação ética de maximizar os benefícios e minimizar os prejuízos. Os riscos e os desconfortos da participação na pesquisa devem ser razoáveis à luz dos benefícios que se esperam alcançar. Portanto, o bem do sujeito de pesquisa deve ser protegido e deve prevalecer sempre o seu bem-estar. A eticidade do exercício médico tem como fundamento o princípio de *não maleficência*, não causar prejuízo.

Alguns autores tratam os princípios de benevolência e de não maleficência juntos; outros, separadamente. O princípio de benevolência, além de não excluir a autonomia, afina-se com o bem consensual e evita todo prejuízo inútil.

O filósofo norte americano John Rawls (1921-2002), marco histórico importante na reflexão dos princípios da justiça e da equidade, entende que a justiça é a virtude primária das instituições sociais, fruto da cooperação humana que deve pretender a realização de benefícios mútuos. Para ele a justiça é a principal virtude das instituições sociais, como a verdade é aquela dos sistemas de pensamento.

Ampliando o conceito para a esfera médica, pode-se dizer que justo seria o que leva o médico a agir em favor da vida, da saúde e do bem-estar do seu paciente. Dessa forma, a Diretriz 12 exige que os grupos ou as comunidades convidados a participar de uma pesquisa sejam selecionados de tal forma que o ônus e o benefício do estudo sejam distribuídos equitativamente.

Enfim, as diretrizes, quando falam da justiça, requerem que a distribuição equitativa de encargos e benefícios ao participar da pesquisa seja justa; deve haver proteção dos direitos e do bem-estar das pessoas vulneráveis; os patrocinadores devem se abster de práticas que possam aumentar a injustiça ou contribuir para novas desigualdades e não tirar proveito da relativa incapacidade dos países de recursos limitados ou das populações vulneráveis para proteger seus próprios interesses; o projeto de pesquisa, de modo geral, deve deixar os países ou as comunidades de recursos limitados melhores do que estavam ou, pelo menos, não deixá-los piores; deve atender às condições de saúde ou às necessidades das pessoas vulneráveis; para os propósitos da pesquisa, devem-se selecionar o menos possível pessoas vulneráveis, a não ser quando a intervenção ou procedimento ofereça ao participante vulnerável uma esperança de benefício diretamente relacionado com sua saúde.

3.6. Declaração Ibero-Latino-Americana sobre Direito, Bioética e Genoma Humano — 2001

A Declaração Ibero-Latino-Americana[12] foi adotada pelos participantes dos Encontros sobre Direito, Bioética, Genética e Genoma Humano de Manzanillo (Cuba), em 1996; de Buenos Aires (Argentina), em 1998; e de Santiago (Chile), em 2001, procedentes de diversos países da Ibero-América e da Espanha, e de diferentes disciplinas relacionadas com a bioética.

Nas recomendações éticas mais significativas para pesquisas científica em seres humanos, o primeiro parágrafo da Declaração re-

---

[12] A Declaração Ibero-latino-americana sobre Direito, Bioética e Genoma Humano foi aprovada e adotada pelos participantes procedentes de diversos países da Ibero-América e da Espanha, e de diferentes disciplinas relacionadas com a bioética. A primeira versão é a Manzanillo (Cuba), em 1996, depois revisada em Buenos Aires (Argentina), em 1998, e em Santiago (Chile), em 2001.

comenda que se considerem as diversas implicações do desenvolvimento científico e tecnológico no campo da genética humana.

A declaração determina que "a reflexão sobre as diversas implicações do desenvolvimento científico e tecnológico no campo da genética humana deve ser feita levando em consideração o respeito à dignidade, à identidade e à integridade humanas e aos direitos humanos reafirmados nos documentos jurídicos internacionais; que o genoma humano forma parte do patrimônio comum da humanidade como uma realidade e não como uma expressão meramente simbólica, e o respeito à cultura, às tradições e aos valores próprios dos povos".

De particular interesse para este estudo é o parágrafo quarto da Declaração, sobre os princípios éticos que devem guiar as ações da genética médica:

a) a prevenção, o tratamento e a reabilitação das pessoas com doenças genéticas como parte do direito à saúde, para que possam contribuir para atenuar o sofrimento que ocasionam nos indivíduos afetados e em seus familiares;

b) a equidade no acesso aos serviços de acordo com as necessidades do paciente, independentemente de sua capacidade econômica;

c) a voluntariedade no acesso aos serviços, a ausência de coerção na sua utilização e o consentimento livre e informado, baseado no assessoramento genético não diretivo;

d) as provas genéticas e as ações que derivam delas, que têm como objetivo o bem-estar e a saúde do indivíduo, sem que possam ser utilizadas para imposição de políticas populacionais, demográficas ou sanitárias, nem para a satisfação de requerimento de terceiros;

e) o respeito à autonomia de decisão dos sujeitos para realizar as ações que se seguem aos resultados das provas genéticas, de acordo com os marcos normativos de cada país, que deverão respeitar os critérios éticos e jurídicos aceitos pela comunidade internacional;

f) a informação genética individual como privativa do indivíduo do qual provém e que não pode ser revelada a terceiros sem seu consentimento expresso.

A preocupação aqui, também, é o homem, o ser humano como tal, que precisa ser protegido, sobretudo numa época capaz, graças aos avanços científicos e tecnológicos, de interferir nos processos naturais do sistema biológico. A Declaração Ibero-Latino-Americana, em consonância com outros documentos e declarações já aceitos e consagrados universalmente, considera que é necessário preservar e defender a vida. É preciso também que se reconheça a existência de limites científicos e tecnológicos no campo da ciência e da medicina, sobretudo, nas pesquisas científicas em seres humanos. Portanto, a dignidade da pessoa humana deve estar sempre no centro como base fundamental dos direitos humanos.

3.7. Declaração Universal sobre Bioética e Direitos Humanos — 2005

A bioética nasceu nos Estados Unidos em 1971, na década de 1980 difundiu-se pela Europa, na de 1990 pela América Latina e Brasil, na de 2000 pela África e pelo resto do mundo, consolidando-se, definitivamente, no início do século XXI, com a homologação da Declaração Universal sobre Bioética e Direitos Humanos na 33ª Sessão da Conferência Geral da Unesco, realizada em Paris (2005), onde foi aprovada por aclamação unânime dos 191 países componentes da organização.

O marco mais recente na ética em pesquisa foi a promulgação desta Declaração. Este é um dos desdobramentos mais importantes da atualidade. Pela primeira vez na história da bioética, os Estados-Membros e a comunidade internacional comprometeram-se a respeitar e aplicar os princípios fundamentais da bioética condensados num texto único. Foi um ponto de partida importantíssimo: adotar princípios éticos comuns capazes de orientar o ser humano em questões éticas suscitadas pela medicina, ciências da vida e tecnologias associadas na sua aplicação aos seres humanos.

A Declaração, conforme indica seu título, incorpora os princípios que enuncia nas regras que norteiam o respeito pela dignidade humana, pelos direitos humanos e pelas liberdades fundamentais. Vale ressaltar que a dignidade da pessoa constitui o valor fundamental sobre o qual se faz referências. Nos dias atuais, certamente por causa dos avanços científicos e tecnológicos, a expressão dignidade humana constitui uma das raízes prioritárias configuradora da eticidade. Dessa forma, o conceito da dignidade humana é muito usado como aquele princípio superior mediante o qual se espera rechaçar deformações e abusos no desenvolvimento da biotecnologia.

É preciso sublinhar que, ao consagrar a bioética entre os direitos humanos internacionais e ao garantir o respeito pela vida dos seres humanos, a Declaração reconhece a interligação que existe entre ética e direitos humanos no domínio específico da bioética.

A Declaração Universal dos Direitos Humanos (1948), logo no Art. 1º, proclama o respeito pela dignidade humana como um direito de todos: "Todos os seres humanos nascem livres e iguais em dignidade. São dotados de razão e consciência e devem agir em relação uns aos outros com espírito de fraternidade".

3.8. Normas éticas em pesquisa com seres humanos no Brasil

No Brasil, a ética em pesquisa no âmbito da biomedicina em seres humanos orienta-se nos seus diversos documentos. A sociedade brasileira vem tomando maior consciência da importância da ética, sobretudo quando a questão diz respeito diretamente ao ser humano.

O primeiro passo importante nesse campo, no Brasil, foi dado em 1988, com a Resolução que passou a ser conhecida como Resolução n. 01/1988, do Conselho Nacional de Saúde, que aprova normas de pesquisa, em seres humanos, para a área temática de pesquisas com novos fármacos, medicamentos, vacinas e testes diagnósticos.

3.8.1. Código de Ética Médica — 2009

O Código de Ética Médica (CEM) dos Conselhos de Medicina do Brasil, aprovado pela Resolução CFM n. 1.246 de 8/1/1988, foi revisado em 2009 pelo CFM (Conselho Federal de Medicina), depois de dois anos de debate entre os Conselhos Regionais de Medicina, entidades médicas, médicos, profissionais de saúde, instituições científicas e universitárias e os setores organizados da sociedade brasileira, as quais encaminharam sugestões para a revisão do atual CEM, aprovado pela Resolução do CFM, a de n. 1.931 de 17/9/2009.

Quanto à doutrina do Código, o Capítulo IV, onde trata dos "Direitos Humanos", no Art. 22, determina que é vetado ao médico "deixar de obter consentimento do paciente ou de seu representante legal após esclarecê-lo sobre o procedimento a ser realizado, salvo em caso de risco iminente de morte".

Já passou o tempo (ao menos, espera-se!) em que médicos efetuavam determinado procedimento sem que o paciente soubesse o que estava acontecendo, sobretudo com pessoas mais humildes e que não têm nenhum acesso às informações e aos seus direitos. O ato de informar o paciente e de lhe solicitar consentimento constitui obrigação do médico e um direito do paciente de saber que tipo de tratamento está sendo efetuado. Em outras palavras, o paciente tem e deve ter respeitada sua vontade e ser livre de qualquer constrangimento ou coação e, por isso mesmo, a ausência de informações suficientes ao paciente e aos seus representantes legais sobre riscos previsíveis ou resultados esperados pode caracterizar infração ética ou legal.

No novo CEM, a pesquisa em seres humanos ganha importância. O Código reafirma o Capítulo XII, que trata especificamente do "Ensino e Pesquisa Médica". O Art. 99 estabelece a proibição ao médico de "participar de qualquer tipo de experiência envolvendo seres humanos com fins bélicos, políticos, étnicos, eugênicos ou outros que atentem contra a dignidade humana".

O Art. 100, por sua vez, veda qualquer tipo de pesquisa em seres humanos sem a devida aprovação do protocolo. Portanto, é proibido ao médico "deixar de obter aprovação de protocolo para a realização de pesquisa em seres humanos, de acordo com a legislação vigente".

O Art. 102 insiste na importância da autonomia e da beneficência como princípios fundamentais predominantes. Conforme este artigo, é vedado ao médico "deixar de utilizar a terapêutica correta, quando seu uso estiver liberado no País". O parágrafo único determina que "a utilização de terapêutica experimental é permitida quando aceita pelos órgãos competentes e com o consentimento do paciente ou de seu representante legal, adequadamente esclarecidos da situação e das possíveis consequências".

A consciência social do paradigma benigno-humanitário se manifesta no Art. 103, que veda ao médico "realizar pesquisa em uma comunidade sem antes informá-la e esclarecê-la sobre a natureza da investigação e deixar de atender ao objetivo de proteção à saúde pública, respeitadas as características locais e a legislação pertinente".

Na perspectiva do paradigma humanitário, é grande a rejeição à mentalidade econômica ou comercial-empresarial. O Art. 104 proíbe ao médico "deixar de manter independência profissional e científica em relação a financiadores de pesquisa médica, satisfazendo interesse comercial ou obtendo vantagens pessoais". O que equivale a dizer que a dignidade do ser humano pesquisado exige que o pesquisador não perca sua independência, não só técnico-científica, mas também ética.

O Art. 105 tem suscitado certo debate. Veda ao médico "realizar pesquisa médica em sujeitos que sejam direta ou indiretamente dependentes ou subordinados ao pesquisador". A intenção desse artigo é proteger populações vulneráveis e evitar que sejam constrangidos estudantes ou funcionários em situação de dependência do pesquisador, seja como professor, seja como empregador. Dá-se a entender que, segundo este artigo, o paciente pode participar de pesquisas em certas circunstâncias.

Com isso, o Art. 106 não admite e veda ao médico "manter vínculo de qualquer natureza com pesquisas médicas, envolvendo seres humanos, que usem placebo em seus experimentos, quando houver tratamento eficaz e efetivo para a doença pesquisada".

A pesquisa científica em seres humanos, talvez, seja a área que mais desafia o progresso técnico-científico, por se deparar com a dignidade humana e a sua dimensão de relação com o transcendente. As leis que regem o agir de médicos e cientistas estão sempre subordinadas à dignidade humana e à benignidade.

Dessa forma, salvo nos casos declarados de perigo de vida, a intervenção do médico no sentido de limitar o direito do paciente em decidir livremente sobre sua saúde, não encontra justificativa no Código de Ética. E, dentro de um espírito e compromisso com o humanitário, é possível sonhar com uma nova figura do médico responsável pela saúde do mundo e solidário na construção de uma ética médica aberta a um diálogo permanente com a bioética, em que a compaixão, isto é, o comportamento que busca beneficiar os outros minorando o sofrimento deles, não ceda lugar nem à ciência, nem ao lucro.

3.8.2. Resolução n. 01 de 1988, do CNS

Resolução é norma jurídica destinada a disciplinar assuntos do interesse interno do Conselho Nacional de Saúde (CNS), no caso do Brasil. A Resolução n. 01/1988 do CNS possui um vasto conteúdo distribuído nos seus quinze capítulos. O Art. 4º, que trata dos aspectos éticos da pesquisa em seres humanos, enfatiza que em "toda pesquisa em que o ser humano for submetido a estudo deverá prevalecer o critério de respeito à sua dignidade e à proteção de seus direitos e bem-estar".

A Resolução trata de outros aspectos éticos, tais como: ser adequada aos princípios científicos e éticos que a justifiquem; fundamentada na pesquisa prévia realizada em laboratórios e animais; apontar probabilidades dos benefícios esperados sobre os riscos previsíveis; ter o consentimento livre e informado do indivíduo ou seu representante legal; proteger a privacidade do indivíduo; preservar o sujeito de pesquisa de qualquer risco; verificar os desconfortos ou riscos esperados; verificar os benefícios que se podem obter; verificar os procedimentos alternativos que possam ser vantajosos para o indivíduo; esclarecer qualquer dúvida acerca dos procedimentos, riscos, benefícios e outros assuntos relacionados com a pesquisa e o tratamento do indivíduo; garantir a liberdade de retirar seu consentimento a qualquer momento; garantir a disponibilidade do tratamento médico e a indenização a que legalmente teria direito, por parte da instituição da atenção à saúde, em caso de danos que a justifiquem, diretamente causados pela pesquisa; fazer com que os projetos de pesquisa sejam revisados e aprovados pelo Comitê de Ética da instituição de atenção à saúde, e assinados pelo indivíduo objeto da pesquisa ou seu representante legal.

No Brasil, a Resolução n. 01/88 transformou-se em um passo importante dentro da temática, com normas sobre os problemas de vigilância sanitária e de biossegurança. Infelizmente estas normas não foram levadas muito a sério pelos centros de pesquisa médica, conforme constata o CFM, em 1992. Desta forma, em 1995, o CNS aprovou um Grupo Executivo de Trabalho (GET), com o objetivo de fazer uma revisão da referida Resolução, chegando mais tarde na aprovação da Resolução n. 196/96, do CNS.

3.8.3. Resolução n. 196/96 do CNS

A Resolução n. 196/96,[13] tornou-se um documento importante e estratégico para que o CNS possa acompanhar o processo de desen-

---

[13] A Resolução n. 196/96, do CNS, no seu preâmbulo esclarece que "a presente Resolução fundamenta-se nos principais documentos internacionais que emanaram declarações

volvimento e incorporação científica e tecnológica na área da saúde, visando à observação de padrões éticos compatíveis com o desenvolvimento sociocultural do país.

As pesquisas em seres humanos devem atender às exigências éticas e científicas fundamentais. Destacam-se as recomendações mais pertinentes sobre os aspectos éticos da pesquisa em seres humanos.

Segundo a Resolução n. 196/96, as pesquisas em seres humanos devem atender às exigências éticas e científicas fundamentais como o consentimento livre e esclarecido; ponderação entre riscos e benefícios; não maleficência; justiça ou equidade.

O Brasil está procurando o caminho justo para que, no campo das pesquisas biomédicas, a proteção da dignidade do sujeito de pesquisa ou do pesquisador seja sempre mantida. Os Comitês de Ética em Pesquisa têm a responsabilidade pela avaliação e acompanhamento dos aspectos éticos de todas as pesquisas em seres humanos.

---

e diretrizes sobre pesquisas que envolvem seres humanos: o Código de Nuremberg (1947), a Declaração dos Direitos do Homem (1948), a Declaração de Helsinki (1964 e suas versões posteriores de 1975, 1983 e 1989), o Acordo Internacional sobre Direitos Civis e Políticos (ONU, 1966, aprovado pelo Congresso Nacional Brasileiro em 1992), as Propostas de Diretrizes Éticas Internacionais para Pesquisas Biomédicas Envolvendo Seres Humanos (CIOMS/OMS 1982 e 1993) e as Diretrizes Internacionais para Revisão Ética de Estudos Epidemiológicos (CIOMS, 1991). Cumpre as disposições da Constituição da República Federativa do Brasil de 1988 e da legislação brasileira correlata: Código de Direitos do Consumidor, Código Civil e Código Penal, Estatuto da Criança e do Adolescente, Lei Orgânica da Saúde n. 8.080, de 19/9/90 (dispõe sobre as condições de atenção à saúde, a organização e o funcionamento dos serviços correspondentes), Lei n. 8.142, de 28/12/90 (participação da comunidade na gestão do Sistema Único de Saúde), Decreto n. 99.438, de 7/8/90 (organização e atribuições do CNS), Decreto n. 98.830, de 15/1/90 (coleta por estrangeiros de dados e materiais científicos no Brasil), Lei n. 8.489, de 18/11/92, e Decreto n. 879, de 22/7/93 (dispõe sobre retirada de tecidos, órgãos e outras partes do corpo humano com fins humanitários e científicos), Lei n. 8.501, de 30/11/92 (utilização de cadáver), Lei n. 8.974, de 5/1/95 (uso das técnicas de engenharia genética e liberação no meio ambiente de organismos geneticamente modificados), Lei n. 9.279, de 14/05/96 (regula direitos e obrigações relativos à propriedade industrial), e outras" (MINISTÉRIO DA SAÚDE. *Diretrizes e normas regulamentadoras de pesquisas envolvendo seres humanos*, "Preâmbulo", Resolução n. 196/96, CNS, 83).

Todavia, não basta uma lista longa e uma infinidade de normas e documentos. É preciso que, nos profissionais e estudiosos que atuam no campo das pesquisas em seres humanos, cresça o sentido ético e que este seja percebido como luz interior que guia os seus passos. Sem esta consciência ética sempre haverá alguém fazendo pesquisa não recomendável. Infelizmente, ainda faltam para o Brasil, país de dimensão continental, instrumentos para exigir uma aplicação correta e uma fiscalização das normas a serem observadas nas pesquisas científicas.

3.8.4. Resoluções complementares

Toda pesquisa deve seguir os regulamentos técnicos sobre a verificação de boas práticas de pesquisa contidos na Resolução do Grupo Mercado Comum (GMC) n. 129/96, do qual o Brasil é cossignatário. Em qualquer ensaio clínico e, particularmente, nos conflitos de interesses envolvidos na pesquisa com novos produtos, a dignidade e o bem-estar do sujeito incluído na pesquisa devem prevalecer sobre outros interesses, sejam econômicos, da ciência ou da comunidade.

Toda pesquisa na área temática deve estar alicerçada em normas e conhecimentos cientificamente consagrados em experiências laboratoriais, *in vitro*, e conhecimento da literatura pertinente. É necessário também que a investigação de novos produtos seja justificada e que eles efetivamente acarretem avanços significativos em relação aos já existentes.

A Resolução n. 251/1997, do Conselho Nacional de Saúde (CNS), com normas complementares para pesquisas farmacológicas, surgiu como questão prioritária, uma vez que uma norma do Serviço de Vigilância Sanitária (SVS) estabelecia que projetos dessa área devessem passar pela aprovação de um comitê. Conforme o "Protocolo de Pesquisa", no inciso IV, letra "a", pesquisa em pacientes psiquiátricos exige "o consentimento, sempre que possível", e este "deve ser obtido do próprio paciente. É imprescindível que, para cada paciente psiquiátrico candidato a participar da pesquisa, se estabeleça o grau de capacidade de expressar o consentimento livre e informado, avaliado por profissional psiquiatra e que não seja pesquisador envolvido no projeto".

Todas as demais atribuições, da Resolução n. 251/1997, do CNS, incorporam as normas para pesquisa em seres humanos (Resolução n. 196/96), como a responsabilidade do pesquisador; protocolo da pesquisa, atribuição do Comitê de Ética em Pesquisa e Operacionalização.

Outras Resoluções do CNS aprovadas, formando o corpo doutrinário e operacional de bioética, na área de pesquisas em seres humanos, no país são:

- a Resolução n. 292/99, com normas complementares para "pesquisas coordenadas do exterior ou com participação estrangeira e pesquisas que envolvam remessa de material biológico para o exterior";
- a Resolução n. 301/2000, que, no parágrafo 1º, resolve que se mantenha inalterado o Item II.3 da referida Declaração de Helsinki: "Em qualquer estudo médico, a todos os pacientes, incluindo àqueles do grupo controle, se houver, deverá ser assegurado o melhor tratamento diagnóstico ou terapêutico comprovado";
- a Resolução n. 303/2000, com normas complementares para pesquisas em reprodução humana;
- a Resolução n. 304/2000, com normas complementares para pesquisas com povos indígenas.

IV
Exigências éticas cristãs no âmbito da pesquisa biomédica

A tarefa da Igreja no âmbito da pesquisa científica consiste, particularmente, em oferecer uma orientação ética. Ela é chamada a ser mestra e guardiã da fé, profeta e vigilante a intervir oportunamente, com sabedoria e autoridade, diante das concepções contrárias à lei natural e à lei divina sobre a vida humana. É uma tarefa fundamental dos pastores diante de tantos extravios que ameaçam a verdade divina e colocam em risco a liberdade e a dignidade humana.

O objetivo principal dessa contribuição é expor, em linhas gerais, algumas preocupações éticas mais emergentes na sociedade. A Igreja, num tempo — como o atual — marcado por tanta esperança e sofrimentos, preocupa-se em suscitar em toda a sociedade um esforço comum, no sentido de encorajar e resgatar os valores éticos. Esse passo é importantíssimo para o crescimento integral do ser humano.

4.1. Noção de pessoa humana

Na língua latina, o vocábulo "pessoa" (*persona*) indicava originalmente máscara teatral (no sentido de "personagem") e, por derivação, o personagem que a utilizava. Nesse sentido foi introduzido na linguagem filosófica do estoicismo popular para indicar as tarefas representadas pelo homem na vida e era usada por atores no teatro clássico. Ao usarem máscaras, os atores pretendiam mostrar que desempenhavam uma personagem. Mais tarde "pessoa" passou a designar aquele que desempenha um papel na vida, que é um agente.

Não obstante, Platão (427-347 a.C.) e Aristóteles (384-322 a.C.) terem aplicado os conceitos de substância, natureza e essência, com seus respectivos matizes, ao homem, o pensamento grego desconhecia a realidade de ser pessoa. Ao longo dos anos, foi se desenvolvendo entre os gregos uma reflexão antropológica a partir de uma perspectiva cosmológica, segundo a qual o ser humano era compreendido como a realidade natural mais elevada. Todavia, apesar de ser um animal racional, portador de *logos* e possuidor de uma alma intelectiva, não só vegetativa ou sensitiva como nos demais seres da natureza, nem os gregos e nem os romanos conseguiram perceber nele a realidade única, original, particular e concreta do ser pessoa.

A definição de Severino Boécio (475/480-526), no âmbito da filosofia escolástica, é aceita por muitos outros autores. Assim afirmava Boécio: a *persona est rationalis naturae individua substantia* ["a pessoa é uma substância individual de natureza racional"]. Com esta definição de Boécio, pretendia-se acentuar três categorias filosóficas que são fundamentais para o conceito de pessoa humana, que são: a substância, a individualidade e a natureza racional. Em outras palavras: a pessoa não diz respeito, nem simplesmente a substância, nem simplesmente a individualidade singular, nem simplesmente a natureza. Para definir adequadamente a pessoa, ocorre acrescentar aos três elementos precedentes a diferença específica que distingue os homens dos animais, a qual consiste na racionalidade.

A definição de Boécio tem como centro o conceito aristotélico de *ousia* (ou *substantia*), utilizado fundamentalmente para definir as *coisas naturais*. Nessa concepção, a pessoa, tal como as demais coisas, é concebida como *hypóstasis* (ou *suppositum*), contudo mais digna por ser dotada de razão.

Santo Tomás de Aquino, inspirado em Boécio, afirmava que a pessoa humana existe por si e em si em virtude do próprio ato de ser. Para Tomás, a pessoa é o que há de mais perfeito em toda a natureza (*persona significat quod est perfectissimum in tota natura*, Summa Theologiae I.q.28.a.3). É oportuno recordar que também é de Boécio a própria definição de pessoa utilizada por Tomás: *rationalis naturae individua substantia* ["substância individual de natureza racional"]. O

Doutor Seráfico retoma a definição de boeciana e explica que o termo provém de *personare*, que significa "fazer ressonar", "proclamar em alta voz": *Sumptum est nomen personae a personando eo quod in tragoediis et comediis recitatores sibi ponebant quandam larvam ad repraesentandum illum, cuius gesta narrabant decantando* ("o nome pessoa foi extraído de *personar* porque nas tragédias e nas comédias os autores usavam máscaras para representar um personagem do qual narravam seus gestos, cantando", I Sent., d. 23, q. 1, a. 1).

Tomás olha para a pessoa do ponto de vista ontológico e a considera como uma modalidade do ser, ou seja, daquela perfeição que na sua filosofia é a *perfectio omnium perfectionum* ["perfeição das perfeições"] e *actualitas omnium actuum* ["participação do ato, isto é, do ato de ser"]. É justamente em respeito a esta perfeição que a pessoa ocupa o degrau mais alto e que o ser encontra a sua atuação mais plena, mais excelente, mais completa. Por esse motivo todos os entes que gozam do título de pessoa são entes de uma dignidade infinita, de um valor absoluto.

Segundo o uso corrente, "pessoa" designa a realidade humana, o único indivíduo, na sua interessa e realidade concreta. É todo o ser do homem na sua individualidade que se quer exprimir com este nome.

Historicamente, a palavra *pessoa* assinala a linha de demarcação entre a cultura pagã e a cultura cristã. Antes do Cristianismo não existia nem em grego e nem em latim uma palavra que exprimisse o conceito de pessoa, porque na cultura clássica tal conceito não existia, pois essa não reconhecia valor absoluto ao indivíduo enquanto tal, e dependia da casta, da raça. O Cristianismo criou uma nova dimensão do homem, isto é, aquela de pessoa. Tal noção era tão estranha ao racionalismo clássico que os padres gregos não encontraram na filosofia grega as categorias e as palavras para exprimir esta nova realidade.

A singularidade da pessoa, única e irrepetível, de consequência, a substancial igualdade em dignidade e nobreza de cada expoente da espécie humana, o seu valor absoluto, é uma verdade confirmada e difundida pelo Cristianismo, e foi uma verdade responsável por um "poder subversivo" como poucos outros na história. Contudo, pouco a pouco ela conseguiu fazer-se estrada e penetrar na cultura pagã, transformando-se profunda e substancialmente, dando origem a uma nova cultura e a uma nova sociedade: a cultura e a sociedade que tomaram forma na *res-publica* cristã do medievo.

Ricardo de São Vítor († 1173) desvincula a noção de pessoa da de substância, aplicando ao ser humano não o conceito de essência, mas o de existência espiritual, enquanto a essência é atributo divino, desvinculado do existir do espírito humano. Não dizia que a pessoa é a substância, mas transferia o constitutivo da pessoa para o campo existencial: ser pessoa é um modo de existência. Esse modo se caracteriza pela propriedade de ser de tal modo *in se* e fechado sobre si mesmo, que uma comunicação desse modo a outros indivíduos é impossível. Dessa forma, introduziu a ideia da incomunicabilidade no conceito de pessoa. Pessoa, para ele, é um modo incomunicável de uma natureza existir, e, por sinal, cabe só a naturezas racionais. Pelo fato de ter definido o conceito diretamente para o mistério trinitário, formulou do seguinte modo: "Pessoa é a existência incomunicável da natureza divina" (*persona est divinae naturae incommunicabilis existentia*, cf. De Trin., lib. IV, cap. 22).

Segundo São Boaventura (1221-1274), "a pessoa é a expressão da dignidade e da nobreza da natureza racional. E esta nobreza não é uma coisa acidental, mas pertence à sua essência". Cada homem, em particular, foi criado por Deus não seguindo o modelo da natureza, mas unicamente o modelo da própria realidade divina. É nesse fato que repousa a dignidade humana.

Em John Duns Scotus (1265/66-1308), o conceito de pessoa que encontramos tem seu ponto de partida em Ricardo: *Persona est incommunicabilis habens existentiam in natura intellectuali* ["Pessoa é a existência incomunicável da natureza intelectual"]. Duns Scotus preocupou-se demoradamente com a comunicabilidade, tentando determinar melhor o sentido deste elemento da definição. Assim, situou-

-se numa linha de evolução diferente da de São Tomás, embora pelas análises a que procedeu acabou também bastante distante de Ricardo e São Boaventura.

As suas reflexões sobre o conceito de pessoa partem da definição de Ricardo, e, aí, começam no ponto em que este, na definição boeciana, substitui a palavra "substância" por "existência". A partir daí, Duns Scotus admite como certo que, quando alguém diz "pessoa", pensa numa natureza racional individualizada.

Acontece, no entanto, que dizendo "pessoa" não se visa a esta natureza racional individualizada *in recto* e formalmente. Pelo contrário, pensa-se que esta natureza racional é "possuída" e isto "por alguém". Este "alguém" é a pessoa e cabe-lhe "incomunicabilidade". Duns Scotus, a esta altura, revela:

> Tenho minhas dúvidas sobre se o termo "pessoa" significa a existência como formalmente idêntica com a incomunicabilidade, ou se é assim que "pessoa" propriamente só significa a "incomunicabilidade", e a existência só entra no conceito como designativo do modo de possuir a existência. Se assim for, a definição deverá ser: pessoa é incomunicabilidade, que possui existência em uma natureza racional individual. [*Persona non tantum dicit incommunicabilitatem, sed dat intelligere naturam intellectualem in qua est, sicut individuum in natura communi. Dubito tamen, si dicat existentiam formaliter cum duplici incommunicabilitate, aut dicat tantum formaliter incommunicabilitatem, et existentiam in concreto tanquam modum habendi naturam, ut sit sensus: persona est incommunicabilis habens existentiam in natura intellectuali.* Oxon., lib. I, d.23, q.un., n. 5, ed. Vivès, vol. X, 261b].[14]

Considerando as várias definições de pessoa que exerceram influência, percebe-se claramente um caminho evolutivo: *Persona est substancia...* (Boécio), *Persona est existentia...* (Ricardo), *Persona*

---

[14] Cf. SCINTILLA. REVISTA DE FILOSOFIA E MÍSTICA MEDIEVAL, Curitiba, v. 2, n. 1, jan./jun. 2005, p. 67.

est incommunicabilis habens existentiam... (Duns Scotus). Em comum entre os três aparecem os seguintes elementos: *Natura rationalis individua*. Nota-se, tanto em Boécio, quanto em Ricardo, o esforço pela definição de pessoa, mas conseguem apresentá-la. Em Scotus, diferentemente, parece que esta luta nunca terminou. Desse modo, apesar das suas muitas reflexões, análises e objeções, não atingiu um conceito de *simpliciter simplex*, simplesmente simples (absoluto), de pessoa.

De acordo com o *Oxford English Dictionary*, um dos sentidos atuais do termo é "ser autoconsciente ou racional". Uma das definições de pessoa mais divulgadas é a de John Locke (1632-1704):"Um ser inteligente e pensante dotado de razão e reflexão e que pode considerar-se a si mesmo aquilo que é, a mesma coisa pensante, em diferentes momentos e lugares".[15]

Na definição de pessoa humana, conforme Boécio e Tomás de Aquino, está sublinhada a estrutura substancial e singular (individual) da pessoa. O mais recente personalismo do filósofo francês Emmanuel Mounier (1905-1950), do humanismo integral do filósofo Jacques Maritain (1882-1973) e do também filósofo e educador francês Étienne Gilson (1884-1978) sublinha o aspecto comunitário e social da pessoa humana em sua dinâmica de desenvolvimento.

Merece consideração a tentativa de uma descrição de pessoa (não uma definição) feita por Mounier. Para ele, uma pessoa é um ser espiritual constituído como tal por uma forma de substância e de independência em seu ser. A pessoa mantém esta substância com sua adesão a uma hierarquia de valores livremente adaptados, assimilados e vividos em um compromisso responsável e em uma constante conversão. Percebe-se nesta designação algumas das principais características da pessoa, afastando-se do substancialismo boeciano no que tem

---

[15] Cf. HONDERICH, T. (ed.). *Enciclopedia Oxford de filosofía*. Madrid: Editorial Tecnos 2001. p. 829.

de coisificação (a pessoa não é um que, mas um quem; e onde Boécio diz "substância", Mounier diz "ser").

Para alguns autores como Sgreccia, a pessoa humana é também o fundamento e o critério da eticidade. Critério de eticidade no sentido subjetivo, a ação é ética quando exprime uma escolha da pessoa, mas também no sentido objetivo, enquanto a pessoa é fundamento, medida e fim da ação moral. Em outras palavras, uma ação é ética se respeita a plena dignidade da pessoa humana e os valores que são intrinsecamente inscritos na sua natureza. Portanto, é lícita e moralmente boa a ação que preceda de uma escolha consciente, que respeita a pessoa, que aperfeiçoa no seu ser e no seu crescimento. Certamente um avanço científico e tecnológico que se preocupa com o bem-estar do homem terá sempre presente que a centralidade da pessoa emerge no universo, na sociedade e na história, porque a pessoa humana reassume e dá significado ao ser do mundo, é o centro da sociedade (feita de pessoas e para as pessoas) e, enfim, é artífice da história que tem em cada pessoa, nas suas relações e nas suas ações a fonte e a explicação.

A própria Constituição Federal de 1988, no Art. 5º, assegura a toda pessoa a igualdade perante a lei, sem distinção de natureza, e deve ter preservada sua inviolabilidade do direito à vida, entre outros direitos consagrados pela Constituição. O Código Civil Brasileiro (2002), no Art. 2º, afirma que "a personalidade civil da pessoa começa do nascimento com vida; *mas a lei põe a salvo, desde a concepção, os direitos do nascituro*" (o grifo é meu).

Portanto, a dignidade humana é reconhecida na legislação nacional como um direito humano fundamental e inviolável. Dessa forma, a dignidade humana representa um princípio ético de primeira importância em respeito à aplicação das biotecnologias que têm por objeto direta ou indiretamente o corpo e a vida humana. Acredita-se que toda dificuldade em encontrar uma definição que abranja todo o significado da pessoa seja um convite a renunciar uma definição exaustiva da pessoa humana.

4.2. A pessoa humana criada à imagem de Deus

Deus é a primeira e a última fonte da vida humana. À luz da fé, o homem foi criado à imagem de Deus, porém não é Deus. Como a natureza humana foi n'Ele assumida, não aniquilada, por isso mesmo também foi em nós elevada a uma dignidade sublime. Para a antropologia cristã tradicional, o homem ocupa um lugar singular, único e especial na criação: ele é "a imagem de Deus", corpo e alma, ou seja, em sua própria natureza une o mundo espiritual e o mundo material. Lê-se na *Gaudium et Spes*: "Esta semelhança manifesta que o homem, a única criatura na terra que Deus quis por si mesma, não pode se encontrar plenamente se não por um dom sincero de si mesmo" (n. 41).

Santo Agostinho (354-430) dirá: *Noli foras ire, in teipsum redi: in interiore homine habitat veritas* ["não vá para fora, entra em ti mesmo: no homem interior habita a verdade"]. Há uma enorme relevância nestas palavras, são até de um extraordinário valor literário. Santo Agostinho tenta esclarecer de onde pode vir essa verdade. Trata-se do homem interior. No seu pensamento, a descoberta é a interioridade, a intimidade do homem. Santo Agostinho vai perceber que o homem, quando fica apenas nas coisas exteriores, esvazia-se de si mesmo; ao contrário, quando o homem entra em si mesmo, recolhendo-se na sua intimidade, é justamente aí que encontra Deus, não nas coisas, não imediatamente nas coisas. Primariamente, por experiência, em algo que é justamente sua imagem. Para Santo Agostinho, é preciso levar a sério que o homem é *imago Dei*, imagem de Deus. É evidente que, para encontrar a Deus, o primeiro passo, e o mais adequado, será buscar sua imagem, que é o homem como intimidade, o homem interior.

O tema da *imago Dei* leva a entender que o homem, como criatura, tem uma capacidade de consciência intelectual e uma vontade livre; no homem tudo é imagem de Deus; Deus os criou "homem e mulher" e os estabeleceu em sua amizade. Na perspectiva de imagem e da singularidade da pessoa humana, encontra-se o fundamento e a justificativa dos direitos humanos como a autonomia, o direito à verdade, à assistência, sobre os quais se sustenta grande parte do discurso bioético.

O discurso bioético sobre a pessoa humana não deve girar somente em torno do mundo espiritual do homem. A pessoa humana, criada à imagem de Deus, é um ser ao mesmo tempo corporal e espiritual. O relato bíblico exprime esta realidade com uma linguagem simbólica, ao afirmar que "o Senhor Deus modelou o homem com a argila do solo, insuflou em suas narinas um hálito de vida e o homem se tornou um ser vivente" (Gn 2,7). "Portanto, o homem em sua totalidade é querido por Deus" (*Catecismo da Igreja Católica*, n. 362).

Além disso, o corpo do homem participa da dignidade da "imagem de Deus": ele é corpo humano precisamente porque é animado pela alma espiritual, e é a pessoa humana inteira que está destinada a tornar-se, no Corpo de Cristo, o Templo do Espírito (*Catecismo da Igreja Católica*, n. 363). O homem como imagem de Deus vive da dignidade desta mesma imagem, e como criatura tem um lugar singular no universo.

A Encíclica *Evangelium Vitae*, acenando para a primeira página do Gênesis, ressalta a responsabilidade do homem pela vida humana: "Defender e promover, venerar e amar a vida é tarefa que Deus confia a cada homem, ao chamá-lo, enquanto sua imagem viva, a participar no domínio que ele tem sobre o mundo: 'Crescei e multiplicai-vos, enchei e dominai a terra. Dominai sobre os peixes do mar, sobre as aves dos céus e sobre todos os animais que se movem na terra'" (Gn 1,28; *Evangelium Vitae*, n. 62).

A Encíclica insiste em salientar que a pessoa participa do governo de Deus, exerce um serviço em seu nome e, por isso, afirma que "o domínio conferido ao homem pelo Criador não é um poder absoluto, nem se pode falar de liberdade de usar e abusar", ou de dispor das coisas como melhor agrade" (n. 42). Ainda, a limitação imposta pelo Criador, desde o princípio, e expressa simbolicamente com a proibição de comer o fruto da árvore (cf. Gn 2,16-17), mostra com suficiente clareza que, nas relações com a natureza visível, estamos submetidos a leis, não só biológicas, mas também éticas e morais, que não podem impunemente ser transgredidas.

Após ter indicado o sentido e os limites do senhorio do homem na participação do senhorio de Deus Criador, a Encíclica *Evangelium Vitae* valoriza outro elemento importante: "Uma participação do homem no domínio de Deus manifesta-se também na *específica responsabilidade* que lhe está confiada *no referente à vida propriamente humana*. Essa responsabilidade atinge o auge na doação da vida, *através da geração* por obra do homem e da mulher no matrimônio" (n. 43).

Dessa forma, "uma vez realçada a missão específica dos pais, há que acrescentar: *a obrigação de acolher e servir a vida compete a todos e deve manifestar-se*, sobretudo, a favor da vida em condições de maior fragilidade" (n. 43). Na visão secular, ser senhor da vida é ser dono, porém na visão cristã é estar a serviço da vida. O homem pode agir no mundo, mas com sabedoria, prudência e amor, de tal modo que respeite e ajude a natureza no seu equilíbrio.

Portanto, a vida vem de Deus e é confiada ao homem. Deus como Criador é o Senhor Absoluto da vida; somente ele pode dispor dela e o homem é chamado a participar desta senhoria. A participação do homem no campo de domínio é, em primeiro lugar, a fecundidade, isto é, transmitir a vida humana; segundo, no domínio sobre a natureza o homem é convidado a um comportamento moderado. Mas o homem não é dono; ele deve colocar os pés na Terra Prometida, guiar, pastorear; o homem é senhor, mas um senhor prudente que deriva do senhorio de Deus, que transmite seu senhorio à criatura humana. O domínio humano deve ser com sabedoria e pressupõe o domínio supremo de Deus.

A soberania pertence a Deus e não ao homem, logo a soberania humana não existe sem limites. Na Encíclica *Redemptoris Hominis* ["Redentor do homem"] (1979), João Paulo II escreve que é preciso que o homem de hoje se convença de que "o sentido essencial desta 'realeza' e deste 'domínio' do homem sobre o mundo visível, que lhe foi confiado como tarefa pelo próprio Criador, consiste na prioridade da ética sobre a técnica, no primado da pessoa sobre as coisas e na superioridade do espírito sobre a matéria" (n. 16).

Além disso, o homem não tem nenhuma disponibilidade direta sobre a vida humana, tanto a própria vida quanto a de outrem. Essa é somente confiada à sua administração responsável; essa é para ele um bem do qual é depositário e do qual deverá prestar contas a Deus. Portanto, o princípio de respeito pela vida é defendido, principalmente, na proibição de não matar. Este princípio exprime, no mínimo, que a vida humana é um valor importante. Ela deve ser protegida com muito esmero.

Na Encíclica *Centesimus Annus* (1991), aparece claro o apelo ao respeito à ordem da natureza e à responsabilidade do homem na atual crise ecológica, consequência de um comportamento humano egoísta e desastroso. O homem, tomado mais pelo desejo do ter e do prazer, do que pelo de ser e de crescer, consome de maneira excessiva e desordenada os recursos da Terra e da sua própria vida. Na raiz da destruição insensata do ambiente natural, há um erro antropológico, infelizmente muito espalhado no nosso tempo. Em vez de realizar o seu papel de colaborador de Deus na obra da criação, o homem substitui-se a Deus, e deste modo acaba por provocar a revolta da natureza, mais tiranizada que governada por ele (cf. n. 37).

4.3. A pessoa humana existe em relação a Deus

O homem existe em relação a Deus no evento Jesus Cristo encarnado na natureza humana. Na encarnação, Jesus assume toda a natureza humana. Isso significa que tudo o que é humano é legível em Jesus. A Encíclica *Evangelium Vitae* (1995) "quer ser uma *reafirmação do valor da vida humana e da sua inviolabilidade*, e, conjuntamente, um ardente apelo dirigido em nome de Deus a todos e cada um: *respeita, defende, ama e serve a vida, cada vida humana!* Unicamente por esta estrada, encontrarás justiça, progresso, verdadeira liberdade, paz e felicidade!" (n. 5).

O dado fundamental da antropologia cristã é a dignidade de criatura que existe em cada ser humano. Esse fato é importante porque diferencia a pessoa humana dos outros seres criados. O ser humano é uma criatura única e não repetível, de uma riqueza imensa, de particular beleza, capaz de amizade para com todos, digna de respeito em qualquer situação e que só pode ser pensada em relação a Deus.

A pessoa humana não é objeto, mas sujeito. Por isso, não pode ser objeto de manipulação e nem faltar com o devido respeito ao ser humano. A falta de respeito à pessoa humana torna a sua vida vulnerável. Em virtude de uma relação exclusiva e pessoal com Deus, o ser humano se torna especial. Dessa forma, ele é chamado a sair de si mesmo, abrir-se ao transcendente, superando uma visão secularizada de um mundo que exclui Deus e que busca a autorrevelação. Portanto, o ser humano não é um aglomerado de duas substâncias completas, mas um único sujeito (*corpore et anima unus*) encarnado, amado e criado como pessoa, fruto do amor de Deus. Por esta razão, a defesa da riqueza da vida humana consiste em aprofundar aspectos individuais e sociais que estejam de acordo com o real, sem esgotar o diálogo que cada um tem consigo mesmo e com o outro.

A pessoa humana apresenta-se como uma unidade fundamental e traz dentro de si toda uma experiência que vai sendo construída e desenvolvida ao longo de toda a sua existência: "O homem que, segundo a interior abertura do seu espírito, e conjuntamente a tantas e tão diversas necessidades do seu corpo e da sua existência temporal, escreve esta sua história pessoal" (*Redemptor Hominis*, n. 14).

A inviolabilidade e a absoluta não instrumentalização da pessoa humana se refletem diretamente sobre a vida física e a tornam sagrada. A vida humana, já na sua dimensão biológica, é a condição de tudo o que é humano: a vida espiritual, a história e a existência concreta da pessoa humana.

A convicção da dignidade, do valor e da autonomia da pessoa representa um dos elementos qualificativos da proposta da antropologia cristã. O homem é feito nesta relação. Ele é pessoa porque Deus o chamou em comunhão consigo. É constituído pessoa. É óbvio que não se pede que um embrião faça o que faz uma pessoa adulta. É na amplitude deste contexto que se fundamenta o argumento sobre a dignidade da vida humana.

A instrução sobre o respeito à vida humana nascente e a dignidade da procriação *Donum Vitae* (1987) escreve que, desde o momento da concepção, a vida de todo ser humano deve ser respeitada de modo absoluto, porque o homem é, na Terra, a única criatura que Deus quis por si mesma, e alma espiritual de cada um dos homens é imediatamente criada por Deus; todo seu ser traz a imagem do Criador (cf. Intr., n. 5). Assim, a vida humana é sagrada porque desde o seu início comporta a ação criadora de Deus e permanece para sempre em uma relação especial com o Criador, seu único fim.

Por isso, a vida humana é muito mais do que o sujeito faz e exprime. Seu valor está no fato de que cada vida humana está íntima e ultimamente ligada a Deus. O valor e a inviolabilidade da vida humana se fundamentam justamente na relação do homem com Deus. O respeito a toda criatura humana, em qualquer momento de sua existência, desde a concepção até o seu declínio natural, é um imperativo fundamental, cuja razão última está na vontade de Deus. O valor de cada vida humana é independente daquilo que ela pode oferecer; o que vale é sua relação com Deus; por isso ela deve ser respeitada e defendida em qualquer circunstância e fase do seu desenvolvimento.

Ainda, a mesma Instrução afirma que "a vida física, pela qual tem início a caminhada humana no mundo, certamente não esgota em si todo o valor da pessoa, nem representa o bem supremo do homem que é chamado à eternidade. Todavia, de certo modo, ela constitui o valor 'fundamental', exatamente porque sobre a vida física fundamentam-se e desenvolvem-se todos os outros valores da pessoa. A inviolabilidade do direito do ser humano inocente à vida, 'desde o momento da concepção até à morte', é um sinal e uma exigência da inviolabilidade mesma da pessoa à qual o Criador concedeu o dom da vida" (Intr., n. 5).

Portanto, perdendo o sentido de Deus, perde-se também o sentido do homem. Deus é o dono da vida, e seu empenho em relação à criatura é de proteção, pois a vida humana só pode ser entendida em tal relação. Deus acolhe com amor cada vida humana (Is 45,15). O ser humano deve ser tratado como pessoa.

4.4. A pessoa humana é uma totalidade unificada

O Concílio Vaticano II, na constituição pastoral *Gaudium et Spes*, deixou uma enumeração breve dos direitos fundamentais da pessoa (n. 12). Porém, nem pelo contexto, nem pelo conteúdo ou pela forma se apresenta como uma declaração completa dos direitos. Muitos dos direitos da pessoa humana vêm referidos noutros capítulos ou números, sem plano de conjunto, sem pretensão de catalogação. Dessa forma, aprofundando o conteúdo da *Gaudium et Spes*, encontrar-se-á sempre a preocupação de salvaguardar a integridade e a dignidade da pessoa humana.

A Constituição Pastoral afirma uma antropologia cristã centrada sobre o tema da imagem de Deus. O mundo cristão herdou a concepção unitária hebraico-semítica do homem vivente — corpo e alma não divisos. Portanto, a Constituição também defende a totalidade unificada da pessoa humana. O homem não dividido, mas uma única realidade com duas dimensões: corpo e alma, duas dimensões não separáveis. O homem não pode ser reduzido ao seu mundo espiritual e nem ao seu mundo material. É uno e um conjunto dual[16] que forma a pessoa humana.

---

[16] Dual não significa dualismo como foi entendido na tradição, ou seja, expressão de binômio entre alma e corpo, mas quer dizer que o homem não pode ser reduzido apenas ao seu mundo biológico animal e nem à sua racionalidade, pois ele é uma totalidade unificada.

A *Gaudium et Spes*, de forma feliz, escreve que o homem é corpo e alma, mas "realmente uno por sua própria condição corporal, sintetiza em si os elementos do mundo material, que nele assim atinge sua plenitude e apresenta livremente ao Criador uma voz de louvor". Certamente, o Concílio considera o homem no âmago do seu ser e diz que "não é, portanto, lícito ao homem desprezar a vida corporal, mas, ao contrário, deve estimar e honrar o seu corpo, porque por Deus é destinado à ressurreição no último dia" (n. 14).

O Concílio reconhece a realidade corpórea no homem que representa o modo próprio de ser e existir no mundo com todas as suas necessidades, tais como: conhecer, querer, amar, sentir. Para a *Gaudium et Spes*, "dotados de alma racional e criados à imagem de Deus, todos os homens têm a mesma natureza e a mesma origem; redimidos por Cristo, todos gozam da mesma vocação e destinação divina: deve-se, portanto, reconhecer cada vez mais a igualdade fundamental entre todos" (n. 29).

Na visão antropológica do *Catecismo da Igreja Católica* (1992), o homem é *corpore et anima unus* ["uno de alma e corpo"]. O relato bíblico exprime esta realidade com uma linguagem simbólica, ao afirmar que "o Senhor Deus modelou o homem com a argila do solo, insuflou em suas narinas um hálito de vida e o homem se tornou um ser vivente" (Gn 2,7).

A experiência cotidiana evidencia a existência de uma realidade de fundo comum a todos os seres humanos, graças à qual esses podem reconhecer-se como tais. É necessário fazer sempre referência "à natureza própria e original do homem, à 'natureza da pessoa humana', que é a pessoa mesma na unidade de alma e corpo, na unidade das suas inclinações tanto de ordem espiritual como biológica, e de todas as outras características específicas, necessárias para a obtenção do seu fim" (*Gaudium et Spes*, n. 14).

Essa visão sobre a vida humana não permite fazer uma separação entre corpo e espírito. O mundo espiritual não possui o mundo material corpóreo e nem vice-versa: o homem é corpóreo, o homem é a sua corporeidade, o homem é espírito encarnado. É incontestável que exercemos ao mesmo tempo operações corporais, vivas, psíquicas. Porém, o corpo não pode ser considerado como se fosse um simples objeto, ou um complexo de tecidos, de órgãos e de funções biológicas: todos estes dados, comuns a todo o mundo animal, no homem dizem algo a mais, são sinal e lugar do revelar-se da pessoa. É o corpo de uma pessoa viva e existe um dinamismo que é a condição da existência de cada homem.

Para a bioética, a consequência é que ninguém pode agir sobre um corpo esquecendo que é uma pessoa. O corpo não é um corpo de um animal, mas de uma pessoa e, portanto, no sentido metafísico. Deve ser tratado como pessoa. A alma é o princípio espiritual no homem, o qual é uma unidade psicossomática.

O corpo humano não é um objeto sem sentido, mas tem seu valor e não pode ser instrumentalizado: "É à luz da dignidade da pessoa humana — que se afirma por si própria — que a razão depreende o valor moral específico de alguns bens, aos quais a pessoa está naturalmente inclinada. E tendo em vista que a pessoa humana não é redutível a uma liberdade que se autoprojeta, mas comporta uma estrutura espiritual e corpórea determinada, a exigência moral originária de amar e respeitar a pessoa como um fim e nunca como um meio, implica também, intrinsecamente, o respeito de alguns bens fundamentais, sem os quais cai-se no relativismo e no arbitrário" (*Gaudium et Spes*, n. 48).

Reforça-se que, nesta visão antropológica, a confirmação de que toda intervenção sobre o corpo abrange não apenas o seu físico, mas toda a pessoa. A antropologia cristã não exige que os médicos e cientistas professem uma fé na imortalidade da alma, mas que reconheçam que o corpo, pelo fato de ser humano, é pleno de significado e que pertence à totalidade da pessoa que não deve ser objeto de manipulação com os instrumentos e métodos das ciências biomédicas e nem excluídas dos seus direitos e cuidados médicos.

Convém reafirmar que a pessoa humana se compreende como uma unidade de corpo e alma. Existe uma integridade e um dinamismo biológico do corpo humano que não são indiferentes do ponto de vista ético.

A existência de uma lei natural garante o valor objetivo das leis que regem o convívio entre os homens. Não havendo lei natural, anterior à vontade ou à pretensão dos legisladores, toda a sociedade cai sobre a arbitrariedade dos seus chefes e partidos, precipitando-se no caos.

De acordo com Tomás, *Summa Theologiae*, I-II, Q. 91, a 2, a lei natural "não é mais do que a luz da inteligência infundida por Deus em nós. Graças a ela, conhecemos o que se deve cumprir e o que se deve evitar. Esta luz e esta lei, Deus a concedeu na criação". Entende-se por lei natural a própria lei eterna enquanto participada na criação racional.

A lei eterna é definida por Santo Agostinho como a razão e a vontade divinas que mandam observar e proíbem alterar a ordem natural. Santo Tomás, por sua vez, define a lei eterna como o plano da divina sabedoria que dirige todas as ações e movimentos das criaturas em ordem ao bem comum de todo o universo.

Santo Tomás de Aquino apresenta três características fundamentais da lei natural:

a) A inclinação para o bem natural. A autoconservação do homem, como a de qualquer ser vivo, é uma revelação desta primeira característica. Por isso, o aborto, a manipulação genética, a seleção de embriões, o suicídio, a eutanásia vão contra a lei natural.

b) A inclinação especial para determinados atos, que são os que a natureza ensinou a todos os animais, como o cuidado dos filhos e outros semelhantes.

c) A inclinação para o bem segundo a natureza racional que é própria do homem, como é a inclinação para conhecer a verdade, a sociabilidade, a cultura, a tradição etc.

Por isso, Santo Tomás diz que a lei natural não é senão o reflexo ou a participação da lei eterna na criatura racional (cf. *Summa Theologica*, I-II, q. 91, a. 2).

O Concílio Vaticano II reafirmou a doutrina sobre a lei natural em termos muito claros:

> Na intimidade da consciência, o homem descobre uma lei. Ele não a dá a si mesmo. Mas a ela deve obedecer. Chamando-o sempre a amar e praticar o bem e evitar o mal, no momento oportuno, a voz desta lei lhe faz ressoar nos ouvidos do coração: "Faze isto, evita aquilo". De fato, o homem tem uma lei escrita por Deus em seu coração. Obedecer a ela é a própria dignidade do homem, que será julgado de acordo com essa lei. A consciência é o núcleo secretíssimo e o sacrário do homem, onde ele está a sós com Deus e onde ressoa a voz de Deus (*Gaudium et Spes*, n. 16).

Isso significa que o homem possui em si mesmo uma lei, cujo caráter racional (universalmente compreensível e comunicável) permite que ela seja reconhecida por ele: "O intelecto é naturalmente apto a entender tudo o que há na natureza das coisas" [*Intellectus... natus est omnia quae sunt in rerum natura intelligere*]. Portanto, existem verdades que podem conhecer de modo natural e, consequentemente, racional.

Com efeito, "somente seguindo a sua verdadeira natureza é que a pessoa humana pode realizar-se como 'totalidade unificada': ora, esta natureza é simultaneamente corporal e espiritual. Por força da sua união substancial com uma alma espiritual, o corpo humano não pode ser considerado apenas como um conjunto de tecidos, órgãos e funções, nem pode ser avaliado com o mesmo critério do corpo dos animais. Ele é parte constitutiva da pessoa que através dele se manifesta e se exprime" (*Donum Vitae*, Intr., n. 3).

Por essa razão, o amor e o respeito interpessoal na cultura moderna tornam-se critérios fundamentais para aferir o verdadeiro progresso da sociedade e do mundo. Nenhum progresso será significativo se não priorizar uma verdadeira comunhão interpessoal. Somente um progresso que trate o outro como pessoa será capaz de construir no mundo a paz e a realização da humanidade. O desenvolvimento tecnológico que vive momentos de pleno desenvolvimento e com suas contínuas novas descobertas pode interferir no ritmo normal da vida humana.

Quem não reconhece a lei natural atribui ao Estado civil o poder de definir o bem e o mal éticos; a vontade do Estado torna-se a fonte da moralidade e do direito; deste princípio segue-se a legitimidade do totalitarismo, de que testemunhou o século XX.

4.5. No centro a dignidade da pessoa humana

A expressão *dignidade da pessoa* é a combinação de dois substantivos, na qual a *dignidade* figura como termo valorativo aplicado a um sujeito que necessita se firmar como realidade ontológica (*pessoa*). Isso nos permite, de antemão, constatar que é possível refletir sobre o seu significado por dois caminhos: o ontológico e o ético. Através da via ontológica, pode-se conhecer uma realidade específica, entre outras, que é a de *ser pessoa*. A via ética, por sua vez, permite pensar as razões alegadas para dizer que alguém é digno.

Seguramente, entre os diferentes argumentos que sustentam o valor fundamental e a sua prioridade da dignidade da pessoa, está a ética teológica, que assegura que o homem é criado à imagem e semelhança de Deus.

Na *Pacem in Terris*, João XXIII escreve que, "se contemplarmos a dignidade da pessoa humana à luz das verdades reveladas, não poderemos deixar de tê-la em estima incomparavelmente maior. Trata-se, com efeito, de pessoas remidas pelo Sangue de Cristo, as quais com a graça se tornaram filhas e amigas de Deus, herdeiras da glória eterna" (n. 10).

A Constituição Conciliar proclama que "a Igreja pode subtrair a dignidade da natureza humana a todas as mudanças de opiniões que, por exemplo, ou deprimem demasiadamente ou exaltam sem medidas o corpo humano. A dignidade pessoal e a liberdade do homem não podem ser adequadamente asseguradas por nenhuma lei humana, como são pelo Evangelho de Cristo confiado à Igreja" (*Gaudium et Spes*, n. 41).

Por isso, o Concílio Vaticano, em sua linha mestra, declara que os homens sempre irão se desapontar, enquanto se basearem apenas em seus próprios recursos para alcançar o bem. Somente quando eles reconhecerem a necessidade do Evangelho de Cristo, verão a Igreja como mãe amorosa e solidária, sempre dando ao mundo uma orientação firme.

Na sua primeira Carta Encíclica, *Redemptor Hominis*, João Paulo II coloca no centro a dignidade do homem. Pode-se dizer que João Paulo II será sempre lembrado como o Papa que tanto batalhou para que o mundo em contínuo progresso técnico e científico não perdesse de vista neste caminho o respeito pela dignidade da pessoa humana. Ele foi um entusiasta e promotor da dignidade da vida humana.

Na sua primeira encíclica afirma que "o homem que quiser compreender-se a si mesmo profundamente — não apenas segundo imediatos, parciais, não raro superficiais e até mesmo só aparentes critérios e medidas do próprio ser — deve, com a sua inquietude, incerteza e também fraqueza e pecaminosidade, com a sua vida e com a sua morte, aproximar-se de Cristo" (n. 10). A encíclica é uma profissão de fé em Jesus Cristo redentor do homem e na sua Igreja. É uma encíclica na qual aparece uma perfeita unidade entre Cristo, a sua Igreja e o homem.

Eis como se exprime o Papa: "Jesus Cristo vai ao encontro do homem de todas as épocas, também do da nossa época, com as mesmas palavras que disse alguma vez: 'Conhecereis a verdade, e a verdade tornar-vos-á livres' (Jo 8,32). Estas palavras encerram em si uma exigência fundamental e, ao mesmo tempo, uma advertência: a exigência de uma relação honesta para com a verdade, como condição de uma autêntica liberdade; e a advertência, ademais, para que seja evitada qualquer verdade aparente, toda a liberdade superficial e unilateral, toda a liberdade que não compreenda cabalmente a verdade sobre o homem e sobre o mundo" (*Redemptor Hominis*, n. 12).

Finalmente, a Igreja deve estar "cônscia de tudo aquilo que parece ser contrário ao esforço para que 'a vida humana se torne cada vez mais humana' e para que tudo aquilo que compõe esta mesma vida corresponda à verdadeira dignidade do homem. Numa palavra, a Igreja deve estar bem cônscia de tudo aquilo *que é contrário* a um tal processo de nobilitação da vida humana" (*Redemptor Hominis*, n. 14).

O documento pós-sinodal sobre vocação e missão dos leigos na Igreja e no mundo, *Christifideles Laici* (1987), faz insistente apelo à não violação da dignidade da pessoa humana desde a sua origem:

> A dignidade da pessoa aparece em todo o seu fulgor quando se consideram a sua origem e o seu destino: criado por Deus à Sua imagem e semelhança e remido pelo sangue preciosíssimo de Cristo, o homem é chamado a tornar-se "filho no Filho" e templo vivo do Espírito, e tem por destino a vida eterna da comunhão beatífica com Deus. Por isso, toda a violação da dignidade pessoal do ser humano clama por vingança junto de Deus e torna-se ofensa ao Criador do homem (n. 37).

Experimenta-se uma grande sede de dignidade humana que, espera-se, possa ser um dos grandes sinais dos tempos. Na *Mensagem para o Dia Mundial da Paz* de 1999, João Paulo II afirma que a dignidade da pessoa humana é um valor transcendente, como tal sempre reconhecido por todos aqueles que se entregaram sinceramente à busca da verdade.

Dentro desta reflexão, deve-se entender a dignidade da pessoa humana como algo que pertence a todos aqueles que são considerados membros do gênero humano — e isso significa: a todos aqueles que têm disposição para serem sujeitos. O respeito é reconhecimento, não concessão, e a dignidade humana não é fruto de acordos, de pactos e nem de concessões que sejam elaboração de um direito positivo, dependente da vontade dos legisladores, mas um direito natural.

A própria Constituição Federal de 1988, nesse sentido, o Art. 1º, inciso III, coloca a dignidade da pessoa humana como fundamento da República. O Art. 3º, inciso III, põe como objetivos fundamentais, entre outros, a erradicação da pobreza e da marginalização a fim de reduzir a desigualdade social e regional. Por sua vez, o Art. 5º declara que todos são iguais perante a lei, sem distinção de natureza, e seu inciso III diz que "ninguém será obrigado a tortura nem tratamento desumano ou degradante". O Art. 6º garante a proteção à maternidade e à infância, bem como a assistência aos desamparados.

Portanto, pode-se concluir que uma sociedade somente poderá existir plenamente se representar os anseios de todos os seus cidadãos e respeitar seus direitos mais fundamentais, entre eles o direito de ter uma vida digna. A dignidade da vida humana exclui que essa possa ser o produto da técnica. A dignidade da pessoa não é somente o fundamento de todos os direitos humanos, mas ela é em si mesma um direito e o mais importante de todos.

Em consequência dos avanços científicos e tecnológicos, a expressão dignidade humana constitui uma das raízes prioritárias configuradora da eticidade. Dessa forma, o conceito da dignidade humana é muito usado como princípio superior, mediante o qual se espera rechaçar deformações e abusos no desenvolvimento da biotecnologia.

Conclusão

A pesquisa biomédica é uma realidade necessária e vital para a humanidade. Não se podem negar os benefícios sociais de seus resultados. Contudo, é de suma importância que os médicos e pesquisadores tenham consciência de que a medicina não pode causar sofrimentos. A exigência é repensar a medicina no sentido de fazer a humanidade mais feliz.

Não obstante os pontos obscuros ou ainda duvidosos e em debate no campo da pesquisa biomédica, ela é fundamental para o bem da humanidade, sobretudo se estas pesquisas levarem a sério as recomendações éticas nacionais e internacionais já reconhecidas e consagradas universalmente.

Na busca de novos conhecimentos científicos, as pessoas não podem ser reduzidas meramente a um meio, pois reduzi-las ao estatuto de meio conduz a graves violações do respeito devido ao ser humano. Nesse contexto emerge um dado elementar sobre o respeito ao ser humano que baseia-se no princípio fundamental de que o homem é um fim em si mesmo, não um meio. Isto implica uma consequência lógica, ou seja, todo ser humano tem direito à autodeterminação; direito de agir de acordo com seu melhor entendimento e suas próprias convicções.

Na prática, isto significa que as decisões tomadas pelas pessoas merecem respeito, salvo que existam razões para justificar invasão da privacidade e interferência, contra desejo expresso.

Como toda legislação tem seus próprios limites, isso exige maior atenção para evitar que as empresas industriais tirem proveito da falta de legislação em certos países do Terceiro Mundo e da falta de esclarecimento das populações desprotegidas e dispostas a aceitarem grandes riscos por pequenas compensações econômicas.

Segundo as normas que devem orientar a pesquisa envolvendo seres humanos, é fundamental, entre as muitas recomendações, a maneira de obter o consentimento esclarecido do participante da pesquisa e a forma de constituir a comissão de revisão.

Se por um lado a pesquisa biomédica se restringe ao mundo dos médicos e pesquisadores, por outro lado é uma realidade que precisa ser discutida em um campo mais amplo com a participação de outras disciplinas como, por exemplo, filosofia, bioética, direito, sociologia, estatística, teologia etc. Os políticos e toda a sociedade precisam abraçar com responsabilidade e seriedade a causa da pesquisa com seres humanos. Não é possível um progresso científico e tecnológico melhor para a humanidade quando não se respeita a própria dignidade do homem. É um progresso falso e que precisa ser avaliado, repensado e discutido.

Nesse sentido, a sociedade presta um grande serviço à humanidade ao velar pelo respeito dos valores morais e éticos essenciais. Vale ressaltar que a pesquisa em seres humanos transcende os limites de uma categoria profissional.

A Declaração de Genebra, da Associação Médica Mundial, sobre o juramento na hora de ser admitido como membro da profissão médica impõe uma obrigação ao médico, por intermédio da frase "a saúde do meu paciente será minha primeira consideração".

Por sua vez, o Código Internacional de Ética Médica declara que, "quando estiver prestando cuidados médicos que possam ter o efeito de enfraquecer a condição física e mental do paciente, um médico agirá somente no interesse do paciente". O que equivale a recordar a Declaração sobre os Direitos Humanos, que proclamou solenemente, no seu preâmbulo, "que o reconhecimento da dignidade inerente a todos os membros da família humana e dos seus direitos iguais e inalienáveis constitui o fundamento da liberdade, da justiça e da paz no mundo". Nota-se que a Declaração indica bases éticas importantes para o agir do homem em qualquer intervenção em seres humanos.

O Art. 1º da Declaração Universal dos Direitos Humanos recorda que "todos os seres humanos nascem livres e iguais em dignidade e em direitos. Dotados de razão e de consciência, devem agir uns para com os outros em espírito de fraternidade".

A Igreja, "perita em humanidade", à luz da revelação tem no mundo da biomedicina a tarefa de apontar critérios éticos. Ela não pode se ausentar deste mundo, mas deve estar atenta a tudo aquilo que agride e diminui a dignidade do ser humano. Somente as normas não bastam; é necessário dar a elas um sentido transcendental. Portanto, não se pode progredir cientificamente sem referência ao ser humano. E como falar do ser humano sem referência à ética? Impossível! É preciso que a pesquisa científica em seres humanos seja realizada com muita seriedade e responsabilidade.

É certo que o mundo da biomedicina fascina e, por isso, exige constantemente que se intensifiquem os estudos, as reflexões e as avaliações éticas para que o ser humano não venha a ser submetido como "cobaia" nas mãos de médicos e pesquisadores. Para a sobrevivência da ciência, da qualidade de vida no planeta e, se o homem deseja, de uma vida com sabedoria, são dois os pilares: (1) o desenvolvimento científico e tecnológico e (2) o respeito aos princípios éticos.

Contudo, a observância de normas, declarações, leis e recomendações éticas não garante a eticidade da pesquisa. A discussão sobre o tema deve acontecer nos cursos de graduação e pós-graduação, nos cursos mais especializados de bioética, bem como nas iniciativas de tornar a bioética acessível a todos.

Enfim, distancia-se da ética a pesquisa biomédica que ignora os interesses e os direitos do indivíduo sujeito de pesquisa e leva em consideração apenas os interesses da instituição responsável pela pesquisa.

Referências bibliográficas

Magistério eclesial

CATECISMO DA IGREJA CATÓLICA. São Paulo: Loyola, 1994.

CONCÍLIO VATICANO II. Constituição pastoral *Gaudium et Spes* (7/12/1965).

CONGREGAÇÃO PARA A DOUTRINA DA FÉ. Instrução sobre o respeito à vida humana nascente e a dignidade da procriação. São Paulo: Paulinas, 1987.

JOÃO PAULO II. Carta Encíclica *Redemptor Hominis* (1979). São Paulo: Paulinas, 1998.

_____. Exortação apostólica pós-sinodal sobre vocação e missão dos leigos na Igreja e no mundo *Christifideles Laici* (1987). São Paulo: Paulinas, 1990.

_____. Carta Encíclica sobre o esplendor da verdade *Veritatis Splendor* (1993). São Paulo: Paulinas, 1993.

_____. Carta Encíclica sobre o valor e a inviolabilidade da vida humana *Evangelium Vitae* (1995). São Paulo: Paulinas, 2009.

_____. Sobre as relações entre fé e razão *Fides et Ratio* (1998). São Paulo: Paulinas, 2002.

PIO XII. Discurso do Sumo Pontífice ao 1º Congresso Internacional de Histopatologia do sistema nervoso, 11 de setembro de 1952. In: *Mensagens de Pio XII aos médicos*. 11 ed. aumentada e melhorada. São Paulo: Paulinas, 1961. pp. 161-171.

PONTIFÍCIA ACADEMIA PRO VITA. *Natura e dignità della persona umana a fondamento del diritto alla vita*. Città del Vaticano: Libreria Editrice Vaticana, 2002.

_____. *Etica della ricerca biomedica per una visione cristiana*; atti della nona Assemblea Generale della Pontificia Accademia per la Vita. Libreria Editrice Vaticana. Città del Vaticano: 2004.

Livros e artigos

BEAUCHAMP, T. L.; CHILDRESS, J. F. *Princípios de ética biomédica*. São Paulo: Loyola, 2002.

BENTO, L. A. *Bioética*. Desafios éticos no debate contemporâneo. São Paulo: Paulinas, 2008.

BOÉCIO. *Escritos (Opuscula Sacra)*. Tradução, estudos introdutórios e notas de Juvenal Savian Filho. São Paulo: Martins Fontes, 2005.

CARRIER, H. Podem os cientistas ser humanistas espirituais? *Brot.* 125/1, 1987, pp. 243-255.

CLOTET, J. *Bioética*; uma aproximação. Porto Alegre: Edipucrs, 2003.

CONSELHO FEDERAL DE MEDICINA. *Código de Ética Médica*. Resolução do CFM, n. 1.931 de 17/9/2009.

COUTINHO, L. M. *Código de ética médica comentado*. São Paulo: Saraiva, 2003.

DINIZ, A. Os limites da ciência. *Brot.* 130/1, 1990, p. 443.

DINIZ, M. H. *O estado atual do biodireito*. São Paulo: Saraiva, 2002.

FAGGIONI, M. P. *La vita nelle nostre mani*; manuale di bioetica teologica. Torino: Edizioni Camilliane, 2004.

FORTES, P. A. C.; ZOBOLI, E. L. C. P. (orgs.). *Bioética e saúde pública*. São Paulo: Centro Universitário São Camilo/Loyola, 2004.

FRANÇA, G. V. *Comentários ao Código de Ética Médica*. Rio de Janeiro: Guanabara Koogan, 2002.

HANS, J. *Il principio responsabilità*; un'etica per la civiltà tecnologica. Torino: Einaudi Paperbacks Filosofia, 1993.

KOURILSKY, P.; VINEY, G. *Le principe de précaution*. Paris: Editions Odile Jacob, 2000.

MACHADO SOARES, A. M. Um breve apontamento sobre o conceito de dignidade da pessoa humana. Em: http://www.presbiteros.com.br/site/um-breve-apontamento-sobre-o-conceito-de-dignidade-da-pessoa-humana/ (acesso em: 12/6/2010).

MARTINS, P. H. *Contra a desumanização da medicina*; crítica sociológica das práticas médicas modernas. Petrópolis: Vozes, 2003.

PESSINI, L.; BERTACHINI, L. *Humanização e cuidados paliativos*. São Paulo: Centro Universitário São Camilo/Loyola, 2004.

PETRINI, C. *Bioetica, ambiente, rischio.* Roma: Ateneo Pontificio Regina Apostolorum, 2002.

SCINTILLA. REVISTA DE FILOSOFIA E MÍSTICA MEDIEVAL, Curitiba, v. 2, n. 1, jan./jun. 2005, p. 67.

SGRECCIA, E. La persona umana. In: ROMANO, C.; GRASSANI, G. *Bioetica.* Torino: Utet, 1995. p. 195.

_____. *Manuale di bioetica*; fundamenti ed etica biomedica. Vol. 1. Milano: Vita e Pensiero, 2000.

SILVESTRI, N. *La sperimentazione sull'uomo.* Padova: Liviana Editrice, 1990.

VIEIRA, S.; HOSSNE, W. S. *Experimentação em seres humanos.* São Paulo: Moderna, 1991.

Impresso na gráfica da
Pia Sociedade Filhas de São Paulo
Via Raposo Tavares, km 19,145
05577-300 - São Paulo, SP - Brasil - 2011